Encontros e Desencontros

Richard Simonetti

Richard Simonetti

Encontros e Desencontros

CEAC
EDITORA

Dados Internacionais de Catalogação na Publicação (CIP)
(Câmara Brasileira do Livro, SP, Brasil)

S598e

Simonetti, Richard, 1935 -
Encontros e Desencontros /
Richard Simonetti, - Bauru, SP : CEAC, 1999.
192p.; 21 cm

ISBN 85-86359-09-2

1. Contos Espíritas - I. Centro Espírita
Amor e Caridade. II. Título.

CDD-B869.3

6ª edição - Julho de 2010 - 2.000 exemplares

10.501 a 12.500

Edição e distribuição

CEAC
EDITORA

Rua 7 de Setembro, 8-56 • Fone/Fax (14) 3227 0618
CEP 17015-031 - Bauru - SP
e-mail: editoraceac@ceac.org.br
site: www.ceac.org.br

Projeto gráfico: Júnior Custódio

Capa:
Renato Leandro de Oliveira
Maria Amélia Bittencourt

Revisão de Língua Portuguesa:
Aline Cristina Moraes

Dedico este livro:

Aos companheiros José Caldeira e José Mauro Progiante, pacientes expurgadores de minhas impropriedades gramaticais;

Aos companheiros que me confidenciaram as experiências aqui relatadas, ensejando histórias singulares e edificantes;

Aos companheiros e aos generosos benfeitores espirituais do Centro Espírita "Amor e Caridade", em Bauru, onde todos encontramos preciosas oportunidades de serviço redentor.

Com o Espiritismo a Humanidade deve entrar numa fase nova, a do progresso moral, que lhe é consequência inevitável. Deixai, pois, de vos admirar da rapidez com que se propagam as ideias espíritas. A causa disso está na satisfação que elas proporcionam a todos os que as aprofundam e que nelas veem alguma coisa mais do que um fútil passatempo. Ora, como o homem quer a sua felicidade acima de tudo, não é de admirar que se interesse por uma ideia que o torne feliz.

Allan Kardec, em O Livro dos Espíritos.

Sumário

Do que é feita a vida?

A vida é feita de encontros e desencontros...

Os encontros exprimem as experiências programadas pela Providência Divina para os parceiros de jornada humana, obedecendo a finalidades diversas:

Superação de desentendimentos...

Reparação de ofensas...

Harmonização de adversários...

Reconciliação de desafetos...

Consolidação de afeições...

Construção da fraternidade...

Filhos, cônjuge, pais, irmãos, tanto quanto amigos, colegas de profissão e parceiros de atividades variadas, surgem assim nos caminhos de nossa existência, ensejando preciosas oportunidades de fazermos o melhor.

Os desencontros acontecem quando, inspirados em milenários sentimentos inferiores, como a agressividade, a prepotência, a ambição, o egoísmo, a vaidade, o orgulho, conturbamos o relacionamento com as pessoas que nos cercam.

E transitamos por caminhos tortuosos, não programados, que invariavelmente desembocam na frustração e no sofrimento, como ocorreu com aquele homem que deixou o lar, empolgado por uma paixão, na história que empresta título a este livro.

Não obstante, a Bondade Divina nos oferece a oportunidade de retificar os caminhos, transformando desencontros em reencontros capazes de enriquecer nossas experiências, sempre que nos disponhamos a ouvir os apelos da consciência, a voz do Criador dentro de nós.

Repetimos neste livro a fórmula consagrada de Atravessando a Rua *e* Endereço Certo, *situando-nos como humilde contador de histórias.*

Registramos aqui os acontecimentos vividos por companheiros de ideal espírita que se empenham por evitar os desencontros do caminho com o esforço por cumprir os desígnios de Deus.

Bauru, novembro de 1989.

Expiação ou Regeneração?

Eram dois guichês bancários do tempo antigo, como gaiolas de fortes grades, com pequena abertura para atendimento ao público.

Num deles, trabalhava Tobias, um mulato forte, atarracado, de voz grossa, conversador, de cabeça tão cerrada à compreensão dos mecanismos da Vida quanto o cubículo onde passava os dias a contar dinheiro.

Do outro lado, Jesuíno, lidador espírita, que não desanimava no propósito de despertar o companheiro para as realidades da jornada humana.

- A Vida não é um simples acidente biológico, meu amigo. Existe um planejamento divino. Fomos criados para atividades muito mais importantes que a mera autenticação de recebimentos e pagamentos ou a indolência dos fins de semana.

- Oh! Oh! Oh! - ria Tobias, com sua entonação tonitruante - pelo menos é mais tranquilo. Deus planejou mal o nosso mundo. Há muita bagunça, principalmente nos tempos atuais. Deixe-me no meu cantinho. Quero sossego.

- Você usa uma perspectiva materialista. É preciso ver além das aparências. Se entrarmos numa casa em reformas parecerá tudo muito confuso. No entanto, ela está sendo melhorada. É o que acontece com a Terra.

- Eta reforma demorada! Desde sempre há muito ódio, muita agressividade nas pessoas! Se Deus é a suprema bondade, como você propala, seus filhos não herdaram a mesma virtude...

- O Bem existe embrionário em nós, qual semente divina. Ocorre que entre o embrião e o fruto, entre a vocação e a realização, há o esforço que nos compete, porquanto Deus não nos fez autômatos. Somos Espíritos em evolução. Perfectíveis, mas não perfeitos.

- Se é assim, por que prevalece o mal na Terra?

- Talvez ele apenas apareça mais, como os instrumentos desafinados numa orquestra. Vivemos num planeta de expiação, habitado por Espíritos rebeldes e agressivos, que ainda não entraram em compasso com as leis divinas. Fazem barulho... Mas há, também, muita gente situada numa faixa de regeneração. São Espíritos que cumprem seus deveres, que levam a existência a sério, procurando fazer o melhor, no esforço por se sobreporem às suas limitações.

- Oh! Oh! Oh! Quimeras!... Você é muito ingênuo, Jesuíno. A bondade é um manto de hipocrisia que encobre o egoísmo humano. Todos são bons enquanto não pisam em seus calos ou surjam interesses pessoais; então, mostram o que está em seu íntimo. Digo-lhe mais: se fomos criados para o Bem, como você diz, não estamos nem em expiação nem em regeneração. Somos apenas Espíritos com defeito de fabricação!

Tobias seguia assim, impermeável à conceituação espírita.

Certo dia, ao final do expediente, pediu ao companheiro:

- Por favor, Jesuíno, venha ao meu guichê.

- O que houve, rapaz? Você está tão pálido que até mudou de cor. Ficou branco!

- Não brinque. É sério. Estou com uma diferença astronômica. Meu salário de seis meses!

Jesuíno efetuou cuidadoso levantamento dos valores, conferiu a fita de autenticações e constatou que, efetivamente, havia numerário a menor.

- Sinto muito, Tobias. Alguém ficou com esse dinheiro.

- Estou perdido! Não tenho meios para a reposição.

- Posso emprestar-lhe uma parte. Mas há uma esperança, entre duas opções: se quem levou o dinheiro for um Espírito em regeneração ele o trará de volta. Se estiver em expiação se prepare para pagar.

Tobias passou uma noite horrível, matutando como faria para repor o numerário. Já se imaginava demitido, seus filhos passando necessidades...

No dia seguinte, tão logo o Banco abriu, entrou uma simpática velhinha que se dirigiu ao seu guichê.

- Moço, creio que o senhor cometeu um engano ontem. Pagou meu cheque com um zero a mais. É um dinheirão. Só quando cheguei em casa percebi. Vim devolver a diferença.

Tobias não se conteve, fazendo ecoar pela agência bancária seu vozeirão, a proclamar eufórico:

- Jesuíno! Jesuíno! É um Espírito em regeneração! Regeneração, meu amigo! Viva a evolução!

Finalmente começara a assimilar o Espiritismo.

* * *

Nem sempre as pessoas se dispõem a meditar sobre as ideias espíritas, infalíveis na equação dos problemas humanos.

Só o fazem quando eles surgem em seu caminho. Então, se deslumbram, como um cego que, repentinamente, começa a enxergar.

A Justiça e a Misericórdia

Sara se preocupava com o marido.

Desde que rotineiro exame revelara persistente elevação de sua pressão arterial, empenhava-se em deixá-la informada de seus negócios e compromissos.

- Isso é mau agouro, Joel. Não gosto quando você fala assim...

- Sejamos realistas, meu bem. Viver é um risco. Todos estamos sujeitos a desencarnar repentinamente.

- Minha realidade é você. Sem sua companhia a existência será um pesadelo!

- Adorável poetisa! Amo-a muito! Não obstante, devemos estar sempre preparados para eventual convocação do Além, evitando deixar "nós" para os que ficam.

- Você nunca foi de dar "nós". Pelo contrário, o que mais faz é ajudar as pessoas a desatá-los.

- De qualquer forma, é importante tomar conhecimento do que diz respeito aos nossos compromissos. Saiba, também, que se eu desencarnar há um bom seguro e um fundo de pensão que lhe garantirão o necessário para cuidar de nossos três filhos...

- Que precisam muito de você, particularmente o Celsinho com suas limitações mentais.

- Fique tranquila. Não pretendo partir no verdor de meus trinta e nove anos, mesmo porque há muito trabalho na seara espírita. Nossa cidade precisa de gente com as mangas arregaçadas e disposição é o que não me falta.

- Isso até me tranquiliza. Penso que nossos amigos espirituais terão o máximo empenho em preservar sua saúde. Afinal, será difícil encontrar outro Joel.

Sara tinha razão. Se a duração da jornada humana pudesse ser condicionada à utilidade, Joel chegaria facilmente aos cem anos. Era um dínamo abençoado, sempre empenhado em ajudar o semelhante, na atividade profissional, no lar, na organização assistencial, no Centro Espírita...

Mas o Céu tinha outros planos para ele. Confirmando seus indefiníveis sentimentos premonitórios, Joel retomou à Espiritualidade pouco depois, vitimado por um acidente de trânsito.

Foi um rude golpe para o movimento espírita local, que perdia sua liderança mais expressiva, e particularmente para Sara, que não conseguia aceitar a separação.

Como, sem seu apoio e carinho, enfrentar os desafios da existência, o cuidado dos filhos? E o Celsinho, como ajudá-lo de forma efetiva sem a proteção paterna?

Não se conformava. Afinal, havia tantos criminosos, tantos inconsequentes egoístas, cuja morte seria um benefício para a Humanidade e logo seu marido, um homem digno e nobre, tão útil a tanta gente, deveria ter sua vida ceifada prematuramente?

Companheiros espíritas lembravam que o simples fato de Joel experimentar a premonição do próprio desencarne demonstrava que se tratava de um evento programado, que fazia parte de suas provações, mas Sara não se conformava. Mergulhada na depressão, recusava-se a retomar à normalidade, alimentando a perigosa ideia de que seria preferível morrer.

Até que, certa noite, na reunião mediúnica da qual participava, generoso benfeitor espiritual lhe disse:

- Sara, sua inconformação é incompatível com seus conhecimentos. Você sabe que nada ocorre por acaso.

Voz entrecortada de soluços, em incontida angústia, a jovem argumentou:

- Sei que existem problemas cármicos envolvendo situações dessa natureza, mas tenho aprendido que o bem que exercitamos hoje neutraliza o mal que praticamos ontem. Considerando que Joel era precioso instrumento da Espiritualidade na Terra, por que não lhe foi preservada a Vida? Não seria mais justo deixá-lo resgatar seus débitos com o esforço da Caridade, em que pontificava como devotado servidor do Cristo?

O mentor aguardou por alguns instantes, até que fossem menos abundantes as lágrimas, e redarguiu, sereno:

- Seu argumento é ponderável, mas equivocado, porque desconhece a extensão dos compromissos de Joel. Seu desencarne, muito mais que o cumprimento da Justiça, foi um ato de Misericórdia que beneficiou não apenas ele, mas, sobretudo, você.

- Não estou entendendo...

- É fácil explicar. Segundo compromissos que ambos assumiram, Joel deveria sofrer derrame cerebral que o sujeitaria a uma vida vegetativa, prisioneiro de um corpo inerte, incomunicável. Você cuidaria dele por aproximadamente 10 anos...

O Espírito amigo fez uma pausa, deixando que a jovem viúva assimilasse o significado daquela revelação, e concluiu:

- Tendo em vista os méritos de seu marido, foi-lhe poupada a dolorosa experiência e ele retornou à Espiritualidade, de onde continua a ajudá-la nos encargos que lhe competem, conforme sua programação de vida. E lhe pede que desate o "nó" da amargura, superando o pesadelo da transitória separação com o sonho de glorioso reencontro na imortalidade.

A partir desse dia, Sara readquiriu a disposição de viver, enfrentando com serenidade e coragem seus compromissos, lembrando sempre que ela e o marido haviam recebido uma grande dádiva do Céu.

* * *

Muitas pessoas questionam os acontecimentos difíceis e dolorosos, enveredando por caminhos de rebeldia e desalento que lhes multiplicam os sofrimentos.

Ignoram que não há males alheios à Justiça Divina, nem dores não suavizadas pela Divina Misericórdia.

O remédio divino

- Então, dona Idalina, em que posso servi-la?

Lauro, entrevistador do Centro para encaminhamento aos serviços de assistência espiritual, tinha diante de si uma senhora de aproximadamente cinquenta anos, expressão infeliz, como se carregasse sobre os ombros os males do Mundo.

- Vim pedir ajuda. Sinto-me deprimida e angustiada. Impertinentes enfermidades me afligem...

- Foi ao médico?

- Passei por vários. Há meses tomo remédios, inutilmente.

- Tem filhos?

- Três, todos casados.

- E o marido?

- Está bem, embora preocupado comigo. Não tenho queixas dele. É ótimo companheiro. Estaria perdida sem seu apoio... O senhor acredita que estou sob a ação de Espíritos maus?

- Pode ser, mas geralmente as pessoas superestimam essa influência. Nossos males se originam muito mais devido às preocupações e tensões a que nos submetemos, favorecendo o esvaimento das energias psíquicas. A partir daí podem surgir enfermidades e perturbações e até mesmo os envolvimentos espirituais.

- Por que o tratamento médico não resolve?

- O médico cuida apenas dos efeitos. Persistindo as causas, renovam-se incessantemente os males.

- O que pode ser feito?

- Uma transfusão de energias magnéticas. Se a pessoa está com anemia pode recompor sua vitalidade recebendo sangue doado. O mesmo ocorre no campo psíquico. Com a boa vontade de doadores, no chamado passe magnético, podemos retemperar as energias psíquicas, recuperando o equilíbrio.

- Qual a minha participação?

- A senhora virá semanalmente às reuniões. Acompanhará atentamente as palestras. Depois, submeter-se-á ao passe, confiando-se à oração.

Assim foi. Durante várias semanas Idalina cumpriu, com a fidelidade dos que sofrem, a prescrição que a ajudaria a superar o sofrimento. Eventualmente voltava a conversar com Lauro:

- Tudo bem, dona Idalina?

- Melhorei um pouco...

- Persevere. Esses problemas são assim mesmo. Não se instalam do dia para a noite, nem desaparecem da noite para o dia. Demandam tempo...

No desdobramento das reuniões, a sofredora senhora ouvia as considerações dos expositores, destacando insistentemente a prática da caridade como o remédio ideal para os males humanos. A instituição mantinha vários serviços assistenciais, favorecendo aos frequentadores a possibilidade de pôr em prática os conceitos ouvidos.

Idalina foi conhecê-los. Interessou-se pelo Albergue, onde o atendimento era feito por voluntários. Combinou com o marido e ambos passaram a colaborar, em duas noites por semana.

Passaram-se alguns meses. Sem que se desse conta, de início, seus males foram lentamente desaparecendo. A angústia que a oprimia perdeu espaço em seu coração, todo tomado pela disposição de colaborar nas atividades da instituição.

Algum tempo depois, sorridente e feliz, aproximou-se do atendente:

- Que papelão, hein "seo" Lauro!...

- O que foi, dona Idalina? Fiz algo errado? Penitencio-me desde já...

- Não foi propriamente um erro, mas uma omissão.

- Omissão?!...

- Sim. Omitiu-me o melhor tratamento: o serviço no campo do Bem. Estou tão feliz em servir que já nem me lembro de meus males. Por que não me disse nada?

- É que se eu lhe recomendasse de início, a senhora teria a impressão de que estávamos a cobrar por um benefício. Talvez até o fizesse, mas simplesmente como quem toma um remédio, sem perfeita consciência do significado desse trabalho. Deixando que a iniciativa fosse sua, com base no conhecimento adquirido, o resultado foi bem melhor. Não acha?

- Tem razão. Compreendo que o serviço em favor do semelhante, muito mais que mero remédio para a Alma, é a chave mágica de nossa felicidade. É impressionante como as mãos, movimentando-se na seara da caridade, desanuviam nossa cabeça e liberam nossas tensões.

E acentuava, eufórica:

- Médicos, psicólogos, psicanalistas que se cuidem! Quando os pacientes aprenderem a usar essa divina terapia, eles terão que procurar outra profissão!

* * *

A Lei suprema de Deus, revelada por Jesus, é o Amor.

Seu primeiro artigo, e único, define-o como o empenho de fazer ao semelhante o bem que gostaríamos nos fosse feito.

Todo esforço nesse sentido é precioso treinamento para nossa adequação à vontade do Criador.

Por isso, a sabedoria popular consagrou a frase: "Quem não vive para servir não serve para viver."

Poderíamos acrescentar:

Só vivem em plenitude os que vivem para servir.

A teoria e a prática

Reunidos informalmente no lar de Custódio e Nora, dois casais amigos, Godofredo e Zenóbia, Osório e Afonsina, companheiros de atividades espíritas, conversam sobre temas doutrinários.

- Não há dúvida, minha gente - diz Godofredo, convicto - a prática do Bem é a base de um mundo melhor. Allan Kardec deixou bem claro isso ao proclamar: "Fora da Caridade não há Salvação". Se pensarmos um pouco no semelhante, verificaremos quanto podemos realizar em favor da paz, onde estivermos. A caridade é o refrigério das almas atormentadas.

A feliz definição desperta uma lembrança no dono da casa, que se dirige à esposa:

- Benzinho, que tal um refrigerante?

Em breve instante saboroso guaraná é servido.

O diálogo prossegue, animado, com comentários oportunos e edificantes. É a vez de Custódio:

- As pessoas têm uma visão distorcida da Caridade.

Há quem a suponha uma contribuição mensal a obras assistenciais ou o atendimento de um necessitado que nos procura. Parece-me, todavia, que não se trata de um comportamento para determinadas situações e, sim, de uma atitude perante a vida. Onde estivermos, no lar, no local de trabalho, na rua, podemos exercitá-la, estimulando o bem onde estivermos.

E voltando-se para Nora:

- Amor, por falar em estimulo, seria ótimo um estimulante cafezinho...

A diligente senhora atende com presteza. Em poucos minutos, delicioso aroma invade a sala. Saboreando a apreciada bebida, diz Afonsina:

- O que dificulta o exercício da Caridade é o comodismo. Há ensejos mil de realizarmos pequenos serviços em favor do bem comum. No entanto, engessamo-nos na inércia, embalados pela indolência.

- É verdade - intervém Zenóbia - perdemos valiosas oportunidades, furtando-nos a elementares deveres...

Suas observações são interrompidas pela balbúrdia de crianças que entram na sala em correria. Custódio intervém:

- Querida, por favor, contenha a meninada...

Nora recolhe os pequenos, acomoda-os em outra dependência da casa e retorna, após alguns minutos, a tempo de ouvir outra solicitação do marido:

- Benzinho, estão tocando a campainha...

Ela vai atender e retorna em seguida:

- Custódio, é um moço que veio buscar os livros. Diz que você sabe do que se trata.

- Ah! Sim! Estão na biblioteca, num pacote sobre a mesa.

A prestimosa senhora providencia a entrega, enquanto o marido, enfático, argumenta com os amigos, retomando o tema em estudo:

- O mais importante é o exemplo. Não há melhor maneira de demonstrar as excelências da Caridade senão exercitando-a onde estivermos.

- A esse propósito - argumenta Osório - lembro-me de uma observação de Santo Agostinho, em *O Livro dos Espíritos*, em que o generoso benfeitor espiritual recomenda que façamos uma análise de nosso comportamento todos os dias, ao deitar, a ver se aproveitamos as oportunidades de fazer algo em favor do semelhante, se não faltamos ao cumprimento de um dever, renovando-nos para o Bem a cada dia que passa.

- Por falar nisso - lembra Godofredo, sorridente, a levantar-se - é tempo de nos prepararmos para uma conversa com o travesseiro...

Os visitantes se despedem. Pouco depois, a família se recolhe. Faz-se silêncio na casa.

Deitado, Custódio recorda Santo Agostinho e resolve fazer uma avaliação de seu dia.

Cuidadosamente analisa seu comportamento. Até que não fora mal, desenvolvendo com diligência a atividade profissional e ainda encontrando tempo para, no horário de almoço, atender algumas pessoas no Centro Espírita.

A surpresa surge na análise das últimas duas horas.

Por cinco vezes, sem a menor cerimônia, chamara a esposa ao cumprimento de variados encargos, recolhido em inarredável comodismo.

E concluiu, algo decepcionado consigo mesmo, que nas iniciativas da caridade, que se exprimem no espírito de serviço, ele estivera muito mais para "receber" do que "dar", muito enfronhado com a teoria, mas distanciado da prática.

* * *

Nos caminhos de nossa edificação espiritual, é importante que assumamos encargos variados em obras assistenciais e sociais, buscando fazer algo em favor do semelhante.

Todavia, para um melhor aproveitamento nesse sentido não podemos nos limitar a servir algumas horas, segundo o que consideramos nossa disponibilidade. É imperioso que nos disponhamos a servir sempre, onde estivermos, com a gloriosa iniciativa de fazer o que geralmente esperamos que outros façam.

Espíritas e "de Espíritas"

Gérsio percorria as instalações do hospital psiquiátrico espírita. Advogado aposentado, estudioso dos princípios codificados por Allan Kardec, fora eleito presidente da instituição, na cidade para onde transferira residência.

- Quantos passes magnéticos são aplicados por semana?

- Nenhum - respondeu Josi, a assistente social encarregada do serviço de relações públicas.

- Não entendo... Recusa-se tão eficiente terapia aos nossos assistidos?

- Os médicos não aprovam.

- E as reuniões de orientação moral com palestras de cunho evangélico?

- Negativo. Os doutores alegam que podem confundir a cabeça dos pacientes.

- Estranha ideia... Sempre julguei que nos ajudassem a pôr um pouco de ordem em nossa casa mental... Há grupos de desobsessão?

- Nem pensar!

- Orações coletivas, trabalhos de vibrações, água fluidificada, exortações gravadas?

- Nada disso é permitido. A equipe médica não quer que se misturem as coisas, afirmando que aqui não é Centro Espírita nem templo religioso.

- Há médicos espíritas?

- Dois apenas.

- O que dizem?

- Preferem não criar problemas.

- E a administração anterior?

- Tinha o mesmo pensamento.

Gérsio se quedou preocupado por alguns minutos. Então, disse, resoluto:

- Não pode continuar assim. E preciso tomar providências...

Uma semana depois, após planejar nova orientação, reuniu-se com os quinze médicos do hospital.

- Senhores, como sabem, trabalhamos numa organização espírita. Portanto, vamos utilizar os recursos que o Espiritismo nos sugere para tratamento de doentes mentais: passes magnéticos, reuniões de orientação moral, trabalhos de desobsessão, grupos de vibrações...

- Não vejo com bons olhos essa interferência na área médica - interrompeu, contrafeito, o Dr. Leôncio, diretor clínico.

- Nem pretendemos nada semelhante. Apenas entendemos que os problemas de saúde mental têm muito a ver com desajustes espirituais, não cogitados pela medicina oficial. Deste cuidaremos nós, da mesma forma que cuidam da alimentação os nutricionistas, da higiene os encarregados da limpeza, da laborterapia os terapeutas ocupacionais, da jardinagem os jardineiros, sem que suas atividades colidam com o trabalho dos médicos. Pelo contrário - apenas lhe dão indispensável complementação.

- É bom não esquecer - comenta o Dr. Alcino, de tradicional família católica - que raros pacientes são espíritas. Não podemos impor-lhes práticas não compatíveis com seus princípios religiosos.

- As pessoas serão alertadas de que os pacientes aqui, sem exceção, recebem tratamento espiritual. Quem julgar que isso fere suas convicções tem ampla liberdade para procurar outro hospital.

- Perderemos muitos pacientes.

- Pelo contrário. Os hospitais psiquiátricos espíritas são os mais procurados, justamente em face dessa terapia complementar que lhes garante maior eficiência.

- Há um detalhe que precisa ser considerado - explica o Dr. Eurico, materialista convicto, infenso a qualquer atividade no gênero - o tratamento que o senhor denomina "espiritual" pode ser qualificado como exercício ilegal de medicina, segundo as leis vigentes.

- Não há clima em nosso país para uma "caça às bruxas", como faziam na Idade Média com aqueles que se dispunham a mobilizar recursos espirituais para ajudar o semelhante. Conheço autoridades policiais que encaminham ao Centro Espírita pessoas perturbadas e agressivas.

- Se as opiniões são divergentes - sugere o Dr. Leôncio - a melhor maneira de resolver o assunto de forma democrática seria colocarmos em votação.

Gérsio compreende a hábil manobra do médico e informa, categórico:

- Isso já foi feito, em âmbito de diretoria. Resta apenas implementar as medidas adotadas.

- Mesmo sem concordarmos?

- Repito que é uma decisão de diretoria, que independe do corpo clínico.

- Prefiro demitir-me.

- Lamentamos perdê-lo, Dr. Leôncio. Sabemos que é um médico competente, mas não abriremos mão de nossas prerrogativas. Muito mais que isso: trata-se de um dever, tão elementar que o diria acaciano - fazer um hospital espírita funcionar como hospital espírita.

As medidas foram paulatinamente aplicadas. Recebidas em princípio com relutância pelos médicos, ganharam plena aceitação, na medida em que a eficiência do hospital aumentou consideravelmente, conforme a antevisão de Gérsio, algo tão previsível quanto a fuga das sombras quando se acende uma luz.

* * *

Há instituições "de espíritas" e instituições espíritas.

As instituições "de espíritas" se vinculam a um tipo de atividade filantrópica - albergue, creche, berçário, escola, hospital, abrigo - no propósito de exercitar a caridade, limitando-se a rotinas usuais, sem nada que as diferencie de organizações similares. Preocupam-se geralmente com a quantidade, sem atentar à qualidade do atendimento.

As instituições espíritas se empenham em criar uma dinâmica espírita de funcionamento, embasando-se nos princípios doutrinários, com destaque para as propostas de orientação e edificação espiritual dos beneficiários. Aquelas atendem - precariamente - o homem perecível. Estas promovem - decisivamente - o Espírito eterno.

Uma descomplicação

Bruna cuidava transitoriamente de Júlia, bebê de um ano com graves problemas neurológicos que lhe impunham extrema debilidade física e mental.

A menina viera ter em suas mãos obedecendo àquelas circunstâncias marcantes, inspiradas em insondáveis desígnios divinos...

- Dessas coisas - dizia - que só o Espiritismo explica.

Casada há vinte e cinco anos, tivera apenas um filho, Dácio, de vinte e dois. Nunca cogitara de adotar uma criança. No entanto, desde que a menina fora abandonada na creche espírita onde trabalhava como voluntária, tomara-se de amores por ela.

Não se tratava de nenhuma euforia passageira, o misterioso encanto de cuidar de um bebê, mas algo mais profundo, uma secreta intuição de que era seu pai quem ali estava, de retorno às experiências humanas, sofrendo o resultado de desastroso suicídio.

Alceu, o marido, compartilhava de seus sentimentos e concordava que deviam providenciar a adoção. Mas havia o filho. Dácio não desdenhava Júlia e até lhe dispensava alguma atenção. Alma sensível, compadecia-se de sua situação. Mas Bruna o conhecia suficientemente para saber que haveria alguma resistência de sua parte.

Decidiu falar-lhe. Poderia dispensar a anuência do filho, porém entendia que semelhante atitude acarretaria problemas. O ideal seria uma identidade de propósitos entre os membros do grupo familiar.

Quando surgiu a oportunidade, envolveu-o, carinhosa, num abraço:

- Filhinho, vamos ter uma conversa.

- Lá vem complicação para o meu lado...

- Pelo contrário, acho que é uma descomplicação.

- O que vai sobrar para mim?

- Uma irmã.

- Não me diga que ficou grávida?!

- É a Júlia. Pretendemos adotá-la, se você concordar.

Dácio não gostou da proposta. Inspirado no velho egoísmo humano, não aceitava dividir o afeto de seus pais com uma estranha.

- Mas mamãe, trata-se de uma criança muito doente. Pense no trabalho que vai dar...

- Não se preocupe. Eu e seu pai cuidaremos dela.

- Por que falou em descomplicação, se vai assumir um grande problema?

- Você sabe que a prática do Bem é a melhor forma de superarmos nossos comprometimentos do passado.

- Sim, mas isso não significa que deva adotar Júlia. Não temos nenhum compromisso com ela.

- Há algo que nunca comentei com você. Creio que Júlia é seu avô de retorno à vida física, colhendo as consequências do suicídio. Temos o dever de ajudá-lo.

- Ora mamãe, isso é apenas uma hipótese. Sempre preocupada com a situação de vovô, qualquer criança deficiente que venha às suas mãos parecer-lhe-á que é ele a pedir-lhe ajuda. Além do mais, você e o papai não são mais jovens. Trata-se de um encargo pesado e difícil.

- Acha, então, que devemos providenciar a internação de Júlia em um orfanato?

- É o mais sensato.

- Se é essa a sua vontade, assim será feito. Não quero que haja desentendimentos entre nós. Seu bem-estar é muito importante para mim, meu filho. Antes, porém, gostaria de consultar o "Evangelho", como sempre fazemos quando buscamos a inspiração do Alto.

- Tudo bem, mamãe.

Bruna entregou ao rapaz um exemplar de *O Evangelho Segundo o Espiritismo*, de Allan Kardec e, após breve oração em que solicitava a inspiração dos bons Espíritos, recomendou ao filho que abrisse o livro ao acaso.

Isto feito, Dácio se deparou, surpreso, com o título da mensagem: "Os órfãos", assinada por "Um Espírito Familiar", recebida em Paris, em 1860. E leu:

"Meus irmãos, amai os órfãos. Se soubésseis quanto é triste ser só e abandonado, sobretudo na infância! Deus permite que haja órfãos para que lhes sirvamos de pais. Que divina caridade amparar uma pobre criaturinha abandonada, evitar que sofra fome e frio, dirigir-lhe a alma, a fim de que não desgarre para o vício! Agrada a Deus quem estende a mão a uma criança abandonada, porque compreende e pratica a sua lei. Ponderai, também, que muitas vezes a criança que socorreis vos foi cara noutra encarnação, caso em que, se pudésseis lembrar-vos, já não estaríeis praticando a caridade, mas cumprindo um dever..."

Não foi possível prosseguir. Incontida emoção tomara-lhe a alma sensível, obedecendo a doce envolvimento de benfeitores desencarnados. Olhos enevoados de pranto, voz embargada, tomou as mãos de sua mãe, dizendo-lhe:

- Está bem, mamãe. A mensagem é muito clara. Não há o que contestar. Vamos cuidar do vovô.

* * *

Nos lances mais significativos da existência, relacionados com a vida familiar, social e profissional, há sempre a presença de amigos espirituais que nos ajudam a decidir da melhor forma, em favor de nossa paz.

Para que possam fazê-lo com proveito, é imprescindível que criemos as condições necessárias, dispondo-nos a alguns momentos de meditação e prece e à leitura de uma página edificante.

O Evangelho Segundo o Espiritismo *tem sido um canal precioso usado pelos benfeitores desencarnados em favor daqueles que procuram inspiração em suas páginas, predispondo-os à iniciativa mais acertada no cumprimento de seus deveres.*

Se há sombras de dúvidas em nosso caminho, basta olhar para o alto e seremos orientados pelas luzes do Céu.

Fatalidade ou...?

Sempre que vinha à cidade, Pires, rico fazendeiro, gostava de conversar com Osíris, vizinho de sua irmã em cuja propriedade ficava hospedado.

O amigo era um homem idoso, muito lúcido e franco. Estudioso da Doutrina Espírita, costumava esclarecê-lo a respeito de problemas existenciais.

- Desta vez bem que estou precisando de seus conhecimentos. Sinto-me acabrunhado, arrasado mesmo, com o prejuízo que sofri.

- A colheita foi mal?

- Pior. Não houve colheita. Fiz vultoso investimento numa grande fazenda em formação. Gastei muito dinheiro com maquinário, casas para os colonos, adubos e defensivos agrícolas. Tudo foi muito bem cuidado, desde o preparo do solo à irrigação. No entanto, às vésperas da colheita, violento temporal provocou uma inundação como nunca houve na região, e tudo foi destruído.

- Coisas assim realmente aborrecem. Console-se, no entanto, considerando que provavelmente se trata de um problema cármico.

- Cármico?

- Sim, aprendemos com o Espiritismo que existe uma lei de causa e efeito, segundo a qual recebemos de volta o resultado de nossas ações. Quando nos comprometemos com o mal, o sofrimento decorrente é o nosso carma, uma espécie de pagamento da dívida que contraímos perante a justiça de Deus.

- Se é assim, não vejo porque estar pagando. Jamais prejudiquei alguém conscientemente. Não me considero um modelo de virtude, mas tenho procurado respeitar o próximo. Nunca fiz nada que justificasse esse desastre.

- Nesta existência não, mas certamente o fez em vidas anteriores. Se fôssemos santos não estaríamos no educandário terrestre, às voltas com lutas, dores e problemas que se situam por mestres infalíveis de nossa renovação.

- Como pode ter certeza disso?

- Por mera questão de lógica. Se concebemos que Deus é misericordioso, justo e bom, torna-se imperioso aceitar que vivemos antes ou não haveria justificativa para o sofrimento humano. Inconcebível que o Criador estivesse a impor aflições a seus filhos por mero diletantismo.

- Mas o que me diz do esquecimento do passado? Não é ilógico pagar um débito cuja origem desconhecemos?

- Há várias razões para essa amnésia. Ela funciona em nosso benefício, principalmente quando somos chamados à reconciliação com os desafetos de vidas anteriores. Conseguiria você abraçar um filho sabendo que ele foi odiado inimigo?

- Realmente não seria fácil.

- E considere que o esquecimento nos proporciona a bênção do recomeço, ajudando-nos a superar paixões e fixações que determinaram nossos fracassos. Conservamos apenas a experiência, com aquisições morais e intelectuais que são inalienáveis, a se manifestarem na forma de impulsos e aptidões.

- O jeito, então.

- O jeito é registrar o prejuízo na contabilidade da existência como débito resgatado e seguir em frente. A vida se renova diariamente, com abençoadas oportunidades de trabalho e realização.

Pires concordou. Afinal, com a reencarnação ou sem ela, era preciso dar seguimento às suas atividades.

Retornando à fazenda, propôs-se a recomeçar.

Efetuou a limpeza do solo, reconstruiu as casas, comprou maquinário novo, adubo, sementes, material de irrigação... Fez farto investimento.

Semeadura feita, tudo corria muito bem até que caiu nova tempestade, o céu desabou em água sobre a terra, a plantação foi invadida e houve perda total.

Pires se aborreceu mais que nunca. Aquilo era demais. Parecia perseguição!

De retorno à cidade, procurou Osíris, contou-lhe o ocorrido e desabafou:

- Até quando estarei sujeito a essa fatalidade? Se sua teoria está correta, será que meus débitos não têm fim?

O amigo respondeu sorridente:

- Desta vez, parece-me que não houve fatalidade.

- Como assim? Não ocorreu o mesmo?

- Exatamente por isso. Se você tinha conhecimento da possibilidade de nova inundação e não tomou nenhuma providência para evitar o prejuízo, simplesmente pagou o preço da imprevidência. Ao invés de fatalidade diríamos que foi...

- Já sei - adiantou Pires.

Caindo em si e reconhecendo que desta vez a culpa fora sua, concluiu:

- Foi burrice mesmo!

* * *

Há problemas humanos que surgem independentemente de nossa vontade, em resgates cármicos relacionados com saúde, família, profissão, finanças...

Forçoso reconhecer, entretanto, que em sua vasta maioria eles não decorrem de faltas do passado, mas de invigilância no presente, com o cultivo de velhas tendências à indisciplina e à rebeldia.

É no que fazemos e não no que fizemos que residem nossas dificuldades maiores nas experiências humanas.

O visitante indesejado

Murilo, antigo lidador espírita, compareceu ao hospital, atendendo solicitação de uma confreira, Sofia, em favor de sua sogra que ali agonizava. A aplicação de passes magnéticos favoreceria um desligamento mais rápido e menos sofrido.

Embora não fosse horário de visitas, conseguiu autorização e pouco depois entrava em ampla enfermaria, onde várias mulheres recebiam tratamento.

Júnia, filha da enferma, permanecia a seu lado. Murilo se apresentou:

- Sou espírita. Vim para prestar assistência espiritual.

Houve uma reação inesperada. Agitada, presa de indisfarçável nervosismo, a jovem respondeu:

- Há um engano. Deve ser outra pessoa...

- A paciente se chama Leocádia?

- Sim.

- Pois é ela mesma. Quem pediu foi sua cunhada Sofia, que ficou de encontrar-me aqui. Algum imprevisto a reteve.

- Sofia não podia fazer isso conosco! E inadmissível! Não somos espíritas!

Buscando superar o impasse, Murilo ponderou:

- Não quero interferir em suas convicções religiosas. Minha intenção é apenas ajudar...

- O senhor me desculpe, mas já temos assistência espiritual por parte do pastor de nossa igreja e demais membros.

- Eu é que peço desculpas. Não quero constrangê-la.

Não se tratava de mero constrangimento. Murilo percebeu que sua interlocutora estava decididamente assustada, refratária a qualquer entendimento. Inútil insistir.

Não obstante, havia uma finalidade para sua presença ali e, já que não podia aplicar o passe, tentaria auxiliar a agonizante de outra forma. Dirigindo-se às pacientes da enfermaria, convidou:

- Minhas prezadas irmãs, aqui estamos com o propósito de orar em benefício dos enfermos deste hospital. Gostariam de nos acompanhar?

Contrafeita, Júnia, que gostaria de ver o indesejável visitante ir embora o mais breve possível, observou que houve concordância geral.

Nada melhor que o contato com as enfermidades da Terra para inspirar a procura do Céu.

Após breves instantes de concentração, Murilo orou em voz suave e firme:

"Senhor Jesus, disseste que onde se reunissem duas ou mais pessoas em teu nome, ali estarias. É o que fazemos neste instante. Embora filiados a variadas denominações religiosas, identificamo-nos todos na mesma convicção de que há em ti a orientação precisa e a proteção segura para os dias difíceis... Estagiam aqui dezenas de irmãos nossos que enfrentam a dolorosa experiência da enfermidade, consoante os desígnios divinos. Nós te pedimos por eles todos... Que neste momento nossos corações em prece, com a elevação de nossos melhores sentimentos de solidariedade e amor, convertam esta enfermaria em abençoado entreposto de tuas bênçãos, a se derramarem por todos os enfermos deste hospital... Que ao influxo de tua misericórdia, as dores sejam menos intensas, e os problemas menos complexos... Que confiantes em tua proteção, mobilizemos nossas melhores energias em favor da saúde.

Indiferente em princípio, atenta depois e, por último, decididamente surpreendida, Júnia acompanhou a prece. Diziam-lhe que os espíritas eram pessoas dadas a sortilégios malignos, que o demônio era presença constante em suas reuniões. No entanto, via aquele homem dirigir-se a Jesus, o mesmo Jesus que se habituara a evocar no culto, e o fazia de forma tão branda e humilde, com tamanha inflexão de sinceridade, que não conseguia furtar-se à emoção.

Habituada à leitura da Bíblia, recordava-se de certa passagem quando Jesus, acusado de agir em nome de forças infernais, explicava que se o demônio estava praticando o bem, então obrava contra ele próprio.

Por certo havia algo em suas convicções a respeito do Espiritismo que era preciso reformular.

Murilo terminava a oração:

"Abençoa, Senhor, nossos propósitos de renovação, buscando a vivência de tuas lições, a fim de que estejamos contigo, tanto quanto estás conosco, hoje e sempre..."

Júnia se aproximou.

- Quero lhe agradecer pela visita e a belíssima oração. Tenho certeza de que todos fomos beneficiados, particularmente minha mãe. Volte sempre que puder. Será bem-vindo.

Murilo se retirou feliz, após constatar uma vez mais o poder divino da oração em favor da paz e do entendimento entre os homens.

* * *

Entrincheirados no fanatismo intransigente, profitentes de variadas denominações religiosas anatematizam os espíritas, sob inspiração de ideias preconcebidas, totalmente distanciadas da realidade.

Dominados por insuperáveis condicionamentos, não enxergam um princípio elementar que está na essência de todas as religiões:

É impossível nos aproximarmos de Deus sem o cultivo da fraternidade legítima, que sustenta a concórdia entre as criaturas humanas.

Afinal, se Deus é nosso pai, forçoso reconhecer que somos todos irmãos.

O bem maior

Berenice enfrentara três anos de diligente tratamento médico, no empenho por superar disfunções uterinas que a impediam de conceber o primeiro filho.

Espírita do berço, habituada ao contato com a Espiritualidade, alimentava imensa confiança nos benfeitores do Além, que a ajudariam a concretizar o sonhado ideal da maternidade.

Convicta, proclamava:

- Estou muito bem amparada. A medicina da Terra tem suas limitações, mas a medicina do Céu opera prodígios.

Com a mesma disciplina cultivada no cumprimento das recomendações médicas, submetia-se à terapia espiritual, em bases de passes magnéticos, água fluída, reuniões de assistência espiritual...

Suas esperanças finalmente se concretizaram. Experimentando significativo atraso no ciclo menstrual, fez o teste de gravidez.

Após dois dias, de posse do resultado, em papel especial do laboratório para resultados positivos, que estampava uma cegonha a transportar um bebê, informava, eufórica, a Flávio, seu marido:

- Não lhe disse, querido! Eu tinha certeza! Nossos amigos desencarnados operam prodígios! Vamos ter nosso filho!

Foi uma gestação complicada, marcando um período de ansiosa expectativa, porquanto durante meses pairara a ameaça de aborto.

O ginecologista explicava:

- Vai depender de você. É preciso muito repouso e empenho por manter-se calma e confiante. Acredito que conseguiremos vencer a dificuldade.

Berenice também acreditava. Mais que isso, tinha plena certeza de que tudo iria bem, repetindo sempre:

- Com a proteção do Alto terei meu bebê. Os Espíritos não falham!

E permanecia firme na mobilização dos recursos da Terra e do Além, sempre confiante.

Ao completar o quarto mês de gestação se sentia ótima. Compareceu à consulta mensal. O médico se mostrou otimista:

- Há excelentes perspectivas! As dificuldades maiores foram superadas. Agora é esperar o bebê!

Berenice exultava. E dizia depois ao marido:

- Não lhe disse, meu bem! O pessoal "lá de cima" não falha!

E iniciou ampla mobilização de ideias e iniciativas a respeito do enxoval, do quarto infantil, dos brinquedinhos, em tempo de festa para o coração.

No quinto mês de gestação, ainda guardando repouso, recebeu telefonema de uma amiga, companheira de atividades no Centro Espírita que frequentava:

- Tenho ótima notícia. O mentor, na reunião mediúnica, informou que uma equipe médica da Espiritualidade virá prestar-lhe assistência.

- Quando será?

- Nesta noite.

A gestante se sentia nas nuvens.

- Como são prestimosos nossos amigos espirituais. Emociono-me com os cuidados que nos dispensam. Não há mais nenhuma dúvida. A presença deles é o ato final na consolidação de minha gestação.

Berenice se despediu e, em companhia do esposo, orou agradecendo a Deus as bênçãos recebidas e se preparando para a promissora visita. Dormiu ao embalo de felizes perspectivas.

Acordou por volta de três horas, sentindo dolorosas contrações no ventre. Em instantes, rompeu-se a bolsa amniótica, iniciando inevitável aborto. Não havia como reter a criança.

Pouco depois, no automóvel dirigido por Flávio, a caminho do hospital, a jovem comentava, angustiada:

- Estou arrasada! Que tipo de ajuda nos proporcionaram os médicos do Além? O que terá acontecido? Algum acidente no socorro magnético? Interferências estranhas? Por que fracassou a equipe espiritual? Afinal, tudo corria tão bem!

O marido não sabia o que responder. Também ele se amargurava com a ideia de que, justamente quando as dificuldades pareciam definitivamente superadas, derase o aborto.

No hospital, Berenice foi prontamente atendida e em breves horas ficaria sabendo que não ocorrera nenhuma falha na assistência espiritual. Pelo contrário. Fora graças a ela que se evitaram problemas maiores, que poderiam surgir se uma situação de emergência não fosse prontamente atendida:

Há quase um mês ela trazia um filho morto no ventre!

* * *

É importante confiar na proteção espiritual com a certeza de que os benfeitores desencarnados nos ajudam em nossas dificuldades e será bem mais fácil enfrentá-las.

Todavia, é preciso considerar que nem sempre sua interferência se harmoniza com nossas expectativas, porquanto, não raro, o bem maior que podem oferecer é evitar que nos aconteça o pior.

O enigma do berço

Graziela, eficiente enfermeira encarregada do berçário, em grande hospital, procurou o chefe da pediatria.

- Doutor Plácido, trago-lhe uma charada. Venho notando que os bebês que ficam no último berço, no canto, choram menos, dormem melhor...

- Um cantinho mágico?

- Pode parecer tolice, mas outras enfermeiras constataram o mesmo.

- Não há nada que justifique tal diferença. Certamente se trata de mera coincidência.

- O cúmulo da coincidência, pois muitos bebês já estiveram naquele berço e, invariavelmente, eram mais calmos.

- Então há uma fada protetora que fica ali.

- Ora, Doutor, falo sério!

- Eu também. Talvez seja um berço milagroso, fabricado com madeira especial.

- Continua brincando, mas, por favor, pense no assunto.

- Está bem, vou contratar um detetive!

Embora aparentando não levá-la a sério, Plácido passou a observar o berço e constatou que Graziela tinha razão. Os bebês que ali ficavam eram sempre mais acomodados.

Certamente existia uma causa. A "fada" bem poderia ser uma incidência luminosa adequada, um posicionamento favorável, ventilação melhor, colchão mais confortável, menos ruídos... Checou tudo. As condições eram absolutamente iguais em todos os berços.

Pensou na alimentação. Negativo. Os bebês eram alimentados dentro de critérios e horários rigorosamente observados.

E se houvesse diferença de tratamento? Alguma enfermeira mais eficiente, encarregada daquele berço? Também não. Todas se revezavam no atendimento.

Intrigado, o médico passou a visitar o berçário em diferentes horários e foi no período noturno que, finalmente, encontrou a desejada solução.

Eram perto de vinte e duas horas. A enfermeira de plantão se postava no corredor, enquanto a serviçal da limpeza passava o pano molhado no chão. Observou-a, discreto, sem que ela percebesse sua presença.

Tratava-se de senhora idosa, de fartas gorduras. Certamente a tarefa lhe impunha penosos sacrifícios, porquanto, chegando ao canto do berçário, postou-se diante do berço privilegiado e, enquanto descansava, dando tréguas ao corpo sofrido, conversava com seu ocupante:

- Vida dura, meu anjinho! Minhas costas doem como se tivessem recebido pauladas! Feliz é você que fica aí, tranquilo como um príncipe, sem precisar trabalhar! É só "sombra e água fresca", né? Gracinha!

Durante vários minutos ela falou com o bebê. Depois, suspirando, tornou ao serviço.

Plácido sorria, entre perplexo e feliz. Finalmente resolvera o enigma. Encontrara a "fada"!

No dia seguinte, as enfermeiras receberam importante orientação: deveriam conversar com os bebês enquanto cuidavam deles.

E o "milagre" daquele berço se estendeu por todo o berçário.

* * *

Torturadores astutos sabem que o insulamento completo, sem nenhum contato humano, é a melhor forma de desequilibrar suas vítimas, predispondo-as ao colapso nervoso. Assim, torna-se fácil arrancar-lhes as informações desejadas.

Nesse particular, o bebê não difere do adulto. Ele também precisa de contato com as pessoas. É fundamental que se fale com ele, em inflexão de carinho e solicitude.

Recusar-lhe semelhante benefício, por omissão ou indiferença, é submetê-lo à desajustante tortura do silêncio.

É da família!

Mira era muito estimada pelos patrões.

Serviçal humilde, a todos encantava com sua boa vontade e dedicação.

Órfã, vira se escoarem a infância e a adolescência num lar infantil. Depois, empregara-se na residência de Lupércio, abastado comerciante, onde passara a residir.

Jerônima, a esposa, em princípio a contratara para serviços gerais. Logo, observando sua vocação para lidar com crianças, confiara-lhe seus filhos.

A jovem se revelou uma babá muito especial, que cuidava de rebentos alheios com o carinho e a solicitude que dispensaria aos de sua própria carne.

Não se casara. Tímida e recatada, raramente saía, furtando-se ao contato com os rapazes da vizinhança, e nenhum deles poderia imaginar que aquela mulher de discreta beleza reservava todo um tesouro de ternura àquele que conquistasse seu meigo coração.

A patroa, encantada com a serviçal, proclamava frequentemente:

- Mira é da família!

As crianças cresceram. Os anos se escoaram, modificando os quadros da vida, sem alterar em nada o devotamento da serviçal aos filhos de Jerônima, que repetia sempre:

- Mira é da família!

Até que aconteceu o problema...

Certo dia, ela desenvolvia seus afazeres domésticos quando sentiu forte dor no peito. Desmaiou. Providenciada a internação de emergência, o médico informou, após vários exames, o quadro sombrio:

- A paciente está com grave deficiência cardíaca. Recomendo repouso absoluto por três meses.

Jerônima se dirige ao marido:

- Meu querido, a situação é grave. Não podemos abandonar Mira, mas é impossível sua permanência em casa. Precisamos de uma substituta e o quarto onde dorme é muito pequeno para acomodar duas pessoas. Além do mais, não disponho de tempo para atendê-la em suas necessidades.

Lupércio concordou com a mulher e apresentou a solução:

- Entrarei em contato com uma organização de assistência que mantém um lar de idosos. Embora Mira seja relativamente jovem, seu mal a situa em velhice precoce. Conheço os diretores e tenho feito doações. Não será difícil conseguir a internação.

- Ótima ideia!

Da palavra à ação foi um passo. Com a presteza de quem resolve incômodo problema, Lupércio tomou as providências necessárias.

A serviçal recebeu com imensa tristeza a notícia, mas, humilde, conteve-se, aceitando os argumentos da patroa:

- Sabe como a estimamos. Por isso mesmo queremos que descanse à distância das responsabilidades em nosso lar. Lá desfrutará da tranquilidade necessária para a sua recuperação. Seu cantinho aqui continuará reservado.

E, enfática:

- Afinal, você é da família!

No dia seguinte a levou ao novo lar. Dirigindo-se à atendente, Jerônima recomendou solene:

- Peço-lhe que a receba com muito carinho. Preocupo-me com seu bem-estar.

Com o alívio de quem se livra de indesejável encargo, acentua:

- Mira é da família!

A doente não sobreviveu à tristeza de separar-se da sua "família". Faleceu algumas semanas depois. No velório, Jerônima chorava, emocionada, falando da antiga serviçal.

- Pobre criatura! Lamento sua morte como a de uma filha querida. Tantas lutas e logo agora, que podia descansar tranquilamente, a morte veio buscá-la. Fará muita falta. Lembraremos sempre de nossa Mira como de um familiar querido que partiu.

* * *

Os lares da Terra são como clubes fechados, onde só entram os que possuem a senha indispensável: o mesmo sangue.

Em situações peculiares, premiando uma dedicação sem limites, poderá um serviçal ser promovido a "membro da casa".

Todavia, semelhante disposição não resiste aos testes da gratidão, porquanto tão logo se reduzam suas possibilidades de trabalho, em decorrência da idade ou de insidiosa moléstia, será sumariamente descartado. Se não pode servir à família, deixa de ser "da família".

Uma questão de repasse

Atendendo à convocação da Caridade, aos clarins da Doutrina Espírita, Abelardo transformara sua oficina em escola profissionalizante para adolescentes pobres.

Com pequeno patrimônio, suficiente para garantir-lhe subsistência modesta ao lado da esposa, valorizava as horas ensinando aos meninos da periferia, em bairro distante, as artes do torno mecânico. Habilitava-os a uma atividade profissional bem remunerada, de fácil colocação no mercado de trabalho.

Dando o melhor de si, ensinava com mãos movimentadas pelo cérebro, mas com a presença marcante do coração, o que imprimia às suas aulas o ritmo proveitoso da dedicação, como o fazem aqueles que esperam por recompensa maior o aproveitamento do aprendiz.

No que dependia do abnegado mestre tudo corria bem, até um ponto crítico em que o ensino exigia algum conhecimento prévio de matemática por parte dos alunos, todos matriculados no ginásio estadual que funcionava ao lado, mas revelando graves deficiências na matéria. Por isso, Abelardo decidiu solicitar a colaboração do diretor.

Foi muito bem recebido:

- Meu caro professor Abelardo, tenho ouvido notícias de seu trabalho. Fico sensibilizado por ver alguém como o senhor, que poderia ter uma existência tranquila e, no entanto, envolve-se com o nobre, mas desgastante, esforço do ensino.

- Não se trata de opção, meu amigo, mas de simples obrigação. Conhecimento retido é talento enterrado que pesará um dia em nossa consciência. E eventuais desgastes são plenamente compensados pela satisfação de ver essas crianças com melhores chances de realização como seres humanos.

- É verdade! Pena que tenhamos poucos mestres com essa disposição.

- Qual nada! Sou apenas um aprendiz tentando passar adiante o que conseguiu assimilar em trinta anos de trabalho com o torno mecânico. Tenho muitas limitações. Por isso mesmo, estou aqui para pedir sua ajuda.

- Fale, meu amigo. Terei prazer em ajudá-lo no que for possível.

O visitante expõe seu problema. O diretor pede o comparecimento do professor de matemática, explicando-lhe:

- Este é o nosso colega Abelardo, que trabalha como instrutor de torno mecânico. Os meninos que orienta estão com dificuldades no aprendizado por falta de uma base elementar na matéria que você leciona.

- São meus alunos?

- Sim. Gostaríamos de saber o que está acontecendo.

- É simples. Trata-se de mera questão de repasse.

- Repasse?

- Sim. Ensino de acordo com o que recebo. Como meus vencimentos estão defasados em relação ao custo de vida, não posso empenhar-me mais.

Abelardo, surpreso, olha para o diretor, esperando uma providência enérgica. Mas este concorda com o subordinado.

- O nosso professor de matemática tem razão. É impossível sustentar a eficiência sem recompensa adequada.

- E os meus pupilos, como ficam?

- Não se preocupe. Está sendo articulada uma greve geral. Melhorando nossos vencimentos tudo se normalizará.

Abelardo percebe que é inútil argumentar. Humilde, agradece e se despede, formulando íntimo propósito:

Superar as limitações de seus alunos com ilimitada dedicação.

* * *

O grande problema das atividades profissionais, particularmente na Medicina e na Educação, é o individualismo. Raros cogitam dos benefícios que podem proporcionar ao semelhante. A maioria considera apenas o salário a que faz jus, as vantagens que deve auferir.

Medindo sua participação na economia comunitária pelo termômetro da remuneração, as pessoas perdem a capacidade de servir, comprometendo-se, não raro, na desídia.

Com isso, deixam de receber o mais importante: o salário da abnegação, que vem de Deus, premiando os que se esforçam em favor do semelhante com bênçãos do Céu que não podem ser adquiridas com as moedas da Terra.

Teatrinho

ATO I - No Banco

- Bom dia, moço.

- Bom dia. Em que posso servi-lo?

- Sou Chico Matoso. Tenho um pequeno sítio. Vim fazer um empréstimo para minha lavoura de batatas.

- É a primeira vez?

- Sim.

- Tudo bem. Prepararemos sua ficha e o senhor levará uma relação das providências necessárias.

ATO II - No sítio, quinze dias depois

- Boa tarde, Chico.

- Boa tarde.

- Sou Jeremias, o encarregado do setor de empréstimos rurais no Banco. Você esteve lá, inscreveu-se e não apareceu mais. Algum problema?

- O senhor me desculpe, mas achei tudo muito complicado.

- Que é isso, meu amigo? Assustado com a papelada? Não é tão difícil... Se for até lá amanhã, prometo-lhe que resolveremos tudo num instante. O Banco tem interesse em ajudá-lo a melhorar de vida.

- Bem... se é assim, vou tentar. Estou precisando...

- Ótimo. Espero por você.

ATO III - No Banco, cinco dias depois

- Está tudo em ordem, Chico. Como lhe prometi, não houve demora. Agora só falta sua assinatura.

- Agradeço seu empenho, Jeremias, mas desta vez não tem jeito... O problema é insolúvel...

- O que houve?

- Sou analfabeto.

- Não sabe nem escrever seu nome?

- Não.

- Gosta de desenhar?

- Rabisco um pouco...

- Ótimo. Veja esta tira de papel. Eu a retirei da bobina, na máquina de somar. Escreverei seu nome várias vezes. Você vai copiar, como quem faz um desenho.

- Será que consigo?

- Claro. Tenho certeza.

- Bem, se me ajudar...

- Fique tranquilo! Vamos repetir tantas vezes quantas forem necessárias!

ATO IV - No Banco, vinte anos depois

- Meus amigos, na condição de gerente, congratulo-me com a laboriosa população desta cidade que o Banco ajudou a desenvolver. Agradeço a presença de todos nesta reunião de confraternização e, em particular, do amigo Chico Matoso, o cliente que mais tem movimentado nossa carteira agrícola para financiamento de suas inúmeras lavouras.

- Peço licença ao nosso estimado chefe para dizer que minha presença aqui representa apenas o cumprimento de um dever de gratidão. Tudo o que tenho devo ao Banco e, mais exatamente, ao pessoal que me atendeu quando eu nem sabia escrever meu nome e possuía apenas pequeno sítio.

- Deve ter lembranças muito interessantes...

- Sim, particularmente uma, inesquecível. Vejam esta tira de papel amarelada que guardo em minha carteira há vinte anos. Foi nela que aprendi a desenhar meu nome para firmar o primeiro contrato com o Banco. Já não preciso dela. Alfabetizei-me. Mas guardo-a com muito carinho, como uma joia de inestimável valor. Ela é o testemunho da boa vontade de um homem admirável que foi chefe aqui. Deus o abençoe.

* * *

Costumamos situar como missionário o Espírito de elevada hierarquia que vem à Terra para grandiosas tarefas junto à Humanidade.

No entanto, todos somos, potencialmente, missionários.

Em qualquer setor de atividades podemos exercitar nobre missão, sempre que façamos de nossa profissão muito mais que simples "ganha-pão", um abençoado instrumento para beneficiar o semelhante.

O bote na hora certa

Há meses Ifigênio treinava sua vocação de Espírito obsessor, assediando Miguel.

Sua intenção era das mais sinistras:

Buscava envolvê-lo em sentimentos negativos, sedimentando a angústia em seu coração e instalando em sua mente a perturbadora ideia de que devia suicidar-se.

Sabia que o trauma violento decorrente da morte voluntária lhe imporia sofrimentos inenarráveis. Era exatamente o que desejava. O criminoso haveria de pagar pelo mal que lhe causara em existência anterior. Localizara-o e não descansaria enquanto não lograsse impor-lhe o castigo exemplar.

Todavia, não vinha progredindo em suas investidas. Miguel, operário humilde e lutador, era expansivo, cultivava vida ativa, relacionava-se com muitas pessoas e, embora pressionado pelo inimigo invisível, não se deixava abater.

O perseguidor frustrado expunha seu problema a Carmindo, experiente orientador das sombras que, após ouvi-lo, explicou:

- Não há muitas chances de induzir um caráter extrovertido à ideia do auto aniquilamento, sussurrando pensamentos mórbidos em sua mente. Pessoas assim devem ser derrubadas "no grito", já que são emocionais, sensibilidade à flor da pele.

- Não estou entendendo...

- É simples. Aguarde o momento oportuno - uma contrariedade forte, um problema mais sério... Quando isso ocorrer, envolva-o de imediato e sugira-lhe que a morte é a melhor opção, até como protesto.

- Tem dado resultado?

- Se o "bote" for desferido na hora certa há chances muito boas.

Carmindo sorri sinistramente e indaga:

- A esposa lhe é fiel? Uma revelação de adultério é ótima motivação para o suicídio.

- Não há nenhuma possibilidade. Ela é um modelo de virtude. Mulher humilde, vive para o lar. Semelhante iniciativa jamais lhe passaria pela cabeça.

- Há perspectivas de demissão no emprego?

- Remotas. Miguel é funcionário responsável e zeloso de seus deveres.

- E a saúde? Algum problema grave à vista?

- Negativo.

- Então, devemos aguardar algum impulso passional em torno de seus interesses. Analise seus sentimentos, suas preferências, aquilo que o empolga muito e, quando as circunstâncias favorecerem, ataque firme.

Observando a inteligente orientação, Ifigênio passou a acompanhar Miguel em suas atividades diárias, como um tigre a espreitar a presa inocente.

Seguiram-se algumas semanas. O obsessor aguardava, paciente, uma atitude passional.

Finalmente, um acontecimento afetou Miguel com a profundidade desejada. Ele ficou extremamente irritado e agressivo. Uma mágoa tão grande que o coração parecia prestes a arrebentar de dor. Aquilo era intolerável, inadmissível...

Animado, Ifigênio o envolveu com a sugestão macabra, a repercutir em seu cérebro:

"Impossível suportar semelhante tragédia! Melhor morrer!"

E repetia, ao longo de algumas horas, a insistente mensagem:

"Melhor morrer! melhor morrer!..."

Finalmente, empolgado pela ideia, Miguel se aproximou do parapeito de um viaduto, nas proximidades de sua casa e, antes que alguém pudesse demovê-lo, precipitou-se em queda espetacular, arrebentando-se no asfalto.

Em breves instantes, regressava ao Plano Espiritual, traumatizado, ferido, em inenarráveis padecimentos, enquadrado no lamentável crime do suicídio.

No bilhete lacônico aos familiares, a explicação:

Não suportara ver seu time de futebol perder o campeonato ao ser derrotado na partida decisiva.

* * *

O suicídio é uma decisão infeliz que pode corporificar-se de mansinho, em indefinível melancolia, ou barulhenta e incisiva, como drástica solução para acontecimentos desagradáveis.

Nela sempre há um comportamento espiritual marcado pela influência de obssessores que se comprazem em semear atribulações.

Contra o vírus terrível do auto aniquilamento temos a vacina infalível do conhecimento espírita.

Se as pessoas que costumam cogitar do assunto soubessem o que as espera, não permitiriam jamais que, por pouco ou por muito, semelhante loucura invadisse sua casa mental.

Mudança de tom

Com a sinceridade fraterna que o caracterizava, Basílio, o dirigente do grupo de assistência espiritual, alertava o jovem companheiro:

- Meu caro Rosalvo, você está voando muito alto em suas exposições. Lembre-se de que não estamos numa academia. Os frequentadores de nossas reuniões precisam de esclarecimentos e não de preciosidades culturais.

- Respeito seu ponto de vista, senhor Basílio, mas há de convir que é preciso melhorar as palestras nos Centros Espíritas, superando as abordagens repetitivas e modorrentas.

- Sim, meu filho, elevemos o nível, mas simplifiquemos a exposição, evitando a linguagem rebuscada, os voos de intelectualidade vazia que, como fogos de artifício, impressionam, mas não deixam rastos. Os ouvintes podem apreciar a "música", mas raros vão entender a "letra".

- E como vamos abordar as verdades enunciadas pela Doutrina, extrapolando-as para todos os setores da atividade humana, sem enveredar pelos caminhos da Filosofia e da Ciência, evocando nomes ilustres e suas respectivas contribuições como filósofos e cientistas?

- Tudo bem. Não estamos impedidos de fazer isso, desde que não nos esqueçamos de que um dos ingredientes básicos da verdade é a simplicidade. Temos no Codificador um exemplo marcante: Kardec se recusava a adotar a linguagem arrevesada dos filósofos que, em todos os tempos, nada têm feito senão exprimir as contradições do pensamento humano. Tampouco empregava primores estilísticos próprios dos reformadores de gabinete. Era sempre muito claro e objetivo na disseminação dos princípios espíritas.

- Ocorre que hoje é diferente. A cultura atingiu culminâncias. O homem de nosso tempo é muito exigente. Devemos sair do ramerrão comum para que a Doutrina se imponha. Além do mais, forçoso convir que cada pessoa tem seu estilo próprio, sua maneira de ser.

Basílio percebeu a contrariedade do interlocutor, considerando-a natural. A experiência lhe ensinara que todos apreciam elogios, mas raros aceitam críticas, ainda que ponderadas e construtivas.

- Não veja em minhas palavras uma intromissão indébita. Gosto muito de você e sei que tem um enorme potencial. Não farei novos comentários, mas sugiro que consulte algumas pessoas. Pergunte-lhes a respeito do aproveitamento de suas palestras. É sempre útil saber o que pensam de nosso trabalho.

Assunto encerrado, Rosalvo continuou com seus voos de erudição, admirado ele próprio com a profundidade de suas abordagens, como quem se encanta com a própria voz.

Passados alguns dias, ao final de uma reunião, recebeu cumprimentos de simpática senhora:

- Parabéns, meu filho. Jesus o abençoe em sua missão de ensinar.

- Gostou?

- Foi um maravilha! Nunca vi ninguém falar tão bonito!

Rosalvo lembrou a sugestão de Basílio.

- E o que a senhora me diz do conteúdo?

- Bem... para ser franca, não sei o que falar. Gostei muito, mas... não entendi nada!

Rosalvo sorriu, desapontado. Como comentara Basílio, a "música" fora boa, mas ininteligível a "letra".

Pouco depois conversava com um senhor:

- Você foi brilhante, meu rapaz.

- Obrigado. O que achou do assunto abordado?

- Confesso-lhe que não posso dizer muito a respeito, porquanto você falou tão bonito, fiquei tão enlevado que... dormi.

Perplexo, Rosalvo não saberia informar se deveria sentir-se ofendido ou agradecido. Afinal, descobrira uma virtude desconhecida em suas palestras: o poder soporífero.

Pior aconteceu noutra feita, quando, em meio a uma bateria de citações eruditas, viu uma adolescente sentada na primeira fila murmurando para alguém ao lado, não tão baixo que o impedisse de ouvir:

- Afinal, quando é que ele vai falar em Espiritismo?

O golpe de misericórdia veio ao final da reunião, quando um ancião sorridente e franco se aproximou dizendo:

- Olhe, moço, apesar de tudo o que o senhor disse, continuo achando que o Espiritismo é a melhor religião.

Então, Rosalvo capitulou, reconhecendo que era chegado o momento de rever seus métodos, dando melhor aproveitamento às suas exposições doutrinárias, com "letras" apropriadas ao entendimento das pessoas.

* * *

É difícil definir com exatidão o "tom" a ser usado quando se cogita da divulgação do Espiritismo, nas palestras doutrinárias, considerando a abrangência de seus princípios e a heterogeneidade dos ouvintes.

Talvez encontremos um denominador comum em Jesus, o Mestre por excelência, o tribuno maior, que falava com a simplicidade da sabedoria autêntica e a profundidade da verdade revelada, atendendo às aspirações éticas e estéticas de todas as inteligências, mas se dirigindo, sobretudo, ao coração do Homem, convidando-o a viver como filho de Deus.

Um filho muito especial

- Amor meu, quero outro filho.

- Meu Deus! Que coragem, querida! Com os quatro "capetinhas" que temos, você ainda se dispõe a aumentar a família!...

Cássio sorria enternecido, admirando a vocação da esposa para a maternidade. Dilma nascera para ter prole numerosa. Realizava-se cuidando de bebês, protegendo-os ternamente, orientando-lhes os primeiros passos. Os filhos do casal, perto da adolescência, educados com muito carinho e diligência, eram atestados eloquentes de sua competência como mãe.

- Não se trata disso. É a pressão de compromissos assumidos. Sinto que ainda não é tempo de encerrar a "produção".

- Por mim não há problema. Adoro nossos filhos e eles fazem por merecer todo o afeto que lhes possamos dar. São crianças maravilhosas, que enriquecem nossas vidas, o que é compreensível, considerando-se a mãe que possuem...

- Nada de confete. Apenas tento fazer o melhor, cumprindo meus deveres. E não se esqueça de que eles contam com um paizão para filho nenhum pôr defeito!

- Somos ótimos, né?

- Não chego a tanto. Temos muito a corrigir, mas Deus tem sido generoso conosco. Nossa família é maravilhosa. Raros lares na Terra desfrutam de tão gratificante convivência. Por isso mesmo estamos em débito com o Céu e devemos fazer algo mais importante do que simplesmente acolher um novo filho.

- O que essa cabecinha está maquinando?

- Nada. Só um filho, como lhe falei.

- Só isso mesmo?

- Um filho muito especial...

- Um missionário?

- Nem pensar! Missionários escolhem o lar onde nascem. Quero acolher alguém que precise de ajuda. Em nossos contatos com a Doutrina Espírita temos notícia da grande quantidade de irmãos nossos que há no plano espiritual, em lamentável estado de desequilíbrio, comprometidos com erros do passado, a necessitar urgentemente dos benefícios da reencarnação.

Cássio se põe pensativo por alguns instantes. A esposa o observa, ansiosa. Ele fala, medindo bem as palavras:

- Espíritos assim renascem com graves deficiências físicas e mentais...

- Isso mesmo.

- Você quer ter um excepcional por filho?

- Quero. É uma tarefa que me proponho realizar. Mas não posso assumir o compromisso sozinha. Depende de você.

- É muita responsabilidade, Dilma.

- Eu sei. Mas sinto que temos em nosso lar um potencial de amor e entendimento que garantirá nosso êxito na tarefa.

- Está consciente de que a parcela maior de sacrifício será sua?

- Sim, e apesar de minhas limitações estou disposta. Conto com a ajuda de nossos amigos espirituais.

- Pois bem, Dilma! Aceito o compromisso. Você tem razão: realmente temos recebido muito. E tempo de retribuir...

A jovem senhora abraçou, emocionada e feliz, o marido. A bênção maior, pela qual jamais seria suficientemente grata, era viver com um homem de tão generosos dotes de coração.

A partir desse dia, Cássio e Dilma, em suas orações, propunham-se a acolher como filho alguém em reencarnação emergencial, que necessitasse prementemente de um abrigo cristão na Terra.

Pouco depois ela engravidou. Após nove meses, nascia um lindo menino que, desde logo, revelou-se portador de grave lesão cerebral, que lhe limitaria irremediavelmente a inteligência e os movimentos, ensejando sublime tarefa de amor para toda uma família.

* * *

Quando a mulher engravida, há no lar ansiosa expectativa. Todos torcem para que, acima de tudo, nasça uma criança saudável, física e mentalmente. Se ocorre um problema congênito, sobrevêm a frustração e o sofrimento, marcados, não raro, por incontida revolta.

Pudessem as personagens desses dramas entender que nada ocorre por acaso e que as crianças com problemas são Espíritos em reajuste, como um doente submetido a tratamento, e não se perturbariam tanto, reconhecendo no filho deficiente uma abençoada tarefa que Deus lhes confiou.

A melhor proteção

O bairro sofria uma onda de assaltos.

Os marginais invadiam estabelecimentos comerciais em plena luz do dia, empunhando armas de fogo. Tensos e agitados, não vacilavam em atirar se encontravam resistência.

Providências estavam sendo tomadas pelas autoridades, mas a violência campeava, semeando o medo.

Na pequena farmácia de Ronaldo, um amigo, Jacinto, comentava:

- É preciso maior severidade nas leis. Sou amplamente favorável à pena de morte. Se eliminarmos esses facínoras sanearemos a sociedade.

O farmacêutico, que dedicara grande parte de seus setenta anos ao Espiritismo e à manipulação de medicamentos, sempre orientado pelo propósito de servir, pensava diferente:

- Não me parece que semelhante iniciativa traria algum benefício. Países que adotaram a pena máxima não registraram redução de crimes. O criminoso nunca cogita da possibilidade de ser punido. Julga-se acima das leis. Por isso, é inútil torná-las mais drásticas.

- De qualquer maneira, cada marginal eliminado será uma ameaça a menos...

- Engano seu. A Doutrina Espírita nos explica que o criminoso não perde a agressividade com a morte física e tende a envolver indivíduos que cultivam a mesma tendência, em processos obsessivos que ampliam a violência.

- A esse respeito não posso dizer nada. O que sei é que transformei minha casa numa fortaleza. Se alguém atrever-se a ameaçar meus patrimônios será recebido a bala!

- Admito que é necessário tomar precauções. Todavia, tanto quanto possível, deixemos as providências policiais para os órgãos competentes. Enfrentar esses nossos irmãos com suas próprias armas em nossos lares é descer à barbárie.

- Então, o que fazer? Permanecer de braços cruzados, à espera de que nos espoliem e matem?

- Absolutamente! Penso que a iniciativa mais importante deve ser nossa. É preciso que a sociedade se mobilize para o auxilio às pessoas carentes. O transbordamento da miséria na periferia se derrama em ondas de violência sobre a cidade. Panelas vazias são más conselheiras, inspirando revolta e desespero em almas invigilantes, sugerindo-lhes soluções criminosas. De certa forma, estamos todos pagando pelo nosso egoísmo. Crianças famintas, sem orientação, sem instrução, que ali vivem, são, potencialmente, os assaltantes de amanhã. Se cada família de classe média se dispusesse a ajudar um menor, encaminhando-o na vida, favorecendo-lhe particularmente o acesso à educação, o problema estaria a caminho de ser resolvido.

- E enquanto isso não acontece?

- Recusemos usar a violência em defesa própria, conscientes de que fatalmente gerará problemas para o nosso futuro. Ela é sempre comprometedora.

- E a nossa defesa?

- Confiemos em Deus...

Como se estas últimas palavras fossem a deixa para dramática entrada em cena de novo personagem, um jovem invadiu a farmácia de revólver em punho, e foi logo anunciando:

- É um assalto! Quietos ou morrem!

Sentindo-se dominado por incontrolável indignação, Jacinto pensou em atracar-se com o intruso.

Ronaldo se adiantou:

- Não pretendemos reagir, meu irmão. Peço-lhe, em nome de Deus, que mantenha a calma.

Embora dirigindo-se ao assaltante, o velho farmacêutico, experiente conhecedor da natureza humana, procurava conter os impulsos do amigo.

Observando o assaltante, pouco mais que um menino, notou que a arma tremia em suas mãos. Ele estava excessivamente nervoso e qualquer gesto brusco, que representasse uma ameaça, o levaria a atirar.

Acima de qualquer temor, sentia imensa piedade. Ali estava um infeliz, que optara pela solução aparentemente mais fácil para seus problemas de subsistência, mas que lhe cobraria pesado tributo de sofrimento e desequilíbrios.

E enquanto abria a caixa registradora, confiava-se à oração, pedindo aos bons Espíritos que neutralizassem eventuais acessos de agressividade, tanto do amigo quanto do assaltante.

Este, como que possuído por incoercível força que lhe agitava os refolhos da consciência, fez-se muito pálido. Aturdido, balbuciou:

- Fique tranquilo, moço. Não vou levar nenhum dinheiro. Gostaria apenas que me desse um comprimido para dor de cabeça...

Após receber o remédio, saiu apressado, enquanto Jacinto suspirava aliviado e dizia, sorridente:

- Foi fantástico, Ronaldo! Que mágica você usou? Nunca vi nada igual! Quer trabalhar de vigia em minha casa?

* * *

Todas as iniciativas que visem a reduzir a criminalidade nos centros urbanos terão pouca eficiência se não houver uma ampla mobilização da sociedade em favor de pessoas marginalizadas pelo desemprego, pela ignorância, pelo vício, pela penúria extrema. Estes males têm crescido inexoravelmente, favorecidos pelo egoísmo de classes sociais melhor aquinhoadas.

Aqueles que despertaram para essa realidade, que se preocupam com o semelhante, que dedicam suas vidas ao esforço da fraternidade, superam o clima de medo, a sinistrose da violência, conscientes de que com seu esforço se habilitam à defesa mais eficiente: a proteção de Deus.

A transformação

Onésio não saberia definir exatamente o que acontecera com Dirce, sua esposa. Não era nenhum modelo de virtude. Possuía seus defeitos, como todo ser humano, mas sempre viveram relativamente bem, juntamente com os três filhos, até a transformação.

Começara devagarinho, com crises nervosas e impulsos agressivos, convertendo-se numa pessoa irritadiça, a tumultuar o lar.

Ele era o mais visado. Dirce o assediava com exigências descabidas, criticava-o se não atendia prontamente seus caprichos, acusava-o de abandono quando, por força de suas obrigações profissionais, passava alguns dias viajando.

A situação piorara muito com sua conversão ao Espiritismo. Alma sensível, sedenta de conhecimento superior, encontrara na Doutrina um manancial abençoado que iluminava o cérebro e aquecia o coração. Contudo, a esposa passou a hostilizá-lo ainda mais. Se a convidava à oração era recebido com ironia; se calava-se ante sua intemperança verbal era taxado de indelicado e orgulhoso; se intentava esclarecê-la sobre princípios espíritas chamava-o de alucinado.

Possuída por injustificável aversão, iniciou uma guerra de nervos para afastá-lo do Espiritismo.

Se o marido chegava em casa mais tarde, informava:

- O jantar já foi servido. Você pode jejuar. Faz bem ao Espírito, que tanto o preocupa.

Deixou de cuidar de suas roupas.

- Espírita não precisa andar bem vestido.

Buscava envolvê-lo em conflitos com os filhos.

- Seu pai não liga para nós. Ou está viajando ou enfiado no maldito centro espírita.

Amigos ponderavam que Onésio devia agir com firmeza, exigindo o respeito de que era credor.

Ele, porém, estava acima das reações puramente humanas, consciente de que qualquer violência de sua parte acentuaria o abismo aberto entre ele e a esposa, culminando com o aniquilamento do lar.

Dirce era muito mais necessitada de ajuda do que de admoestações. Percebia em seu olhar profunda amargura. Adivinhava incontroláveis tormentas em seu universo interior. E quanto maiores eram suas impertinências, mais se compadecia, rogando a Deus que a socorresse.

Em seu favor havia as viagens. Visitava várias cidades. Embora preocupado com a esposa, saudoso dos filhos, podia, então, fazer o que tanto o gratificava: participar livremente do movimento espírita.

Era estimado pelos confrades em face da facilidade de expressão em seus comentários em torno da Doutrina e, sobretudo, pelos generosos dotes de coração, sempre pronto a participar de iniciativas no campo da fraternidade humana.

Para muitos, Onésio era um infeliz, submetido à tirania da esposa. Na verdade, era apenas alguém compenetrado de seus deveres, que não se limitava a carregar a cruz doméstica com serenidade, achando tempo e ânimo suficientes para estender elos de simpatia e amizade ao redor de seus passos.

Certa vez, numa das cidades que visitava, compareceu a reduzido grupo mediúnico, especializado em tarefas de desobsessão. Dirigindo-se a Onésio, pela psicofonia mediúnica, um mentor espiritual explicou:

- Meu irmão, há muitos anos quatro Espíritos, inimigos seus, desejosos de se vingarem de passadas ofensas, intentam precipitá-lo no desajuste. Incapazes de atingi-lo diretamente em face do equilíbrio que o caracteriza, utilizam sua esposa como instrumento, envolvendo-a em violento processo obsessivo, a se aproveitarem de suas tendências à neurastenia.

O viajante ouvia surpreso a informação. Ninguém ali sabia de seus problemas domésticos, o que conferia autenticidade à informação.

Há muito suspeitava que sua esposa estava envolvida em cruel obsessão, mas nem de leve imaginaria que fosse ele o alvo dos obsessores.

- Todavia - prosseguiu o manifestante - o seu comportamento disciplinado os confundia. Quanto maiores as atribulações a que o submetiam, mais você se ligava a Deus, cultivando a compreensão, sempre pronto a encontrar na oração forças para enfrentar as tempestades no lar. Sua humildade, aliada à irresistível vocação para o Bem, muito mais do que qualquer exortação, abalaram profundamente as disposições dos inimigos desencarnados, que aqui estão para o acerto final.

Emocionado, Onésio se dirigiu às entidades:

- Meus irmãos, reconheço que bem grande terá sido o mal que lhes causei no passado para que os animassem propósitos de vingança. Aparente vítima de hoje, ontem foi o verdugo. Contudo, após muito sofrer, aprendi que responder ao mal com o mal é perpetuá-lo, e todos acabamos por sentir um dia que o revide pode satisfazer os sentimentos humanos, mas contraria nossa condição de filhos de Deus. Por isso, os vingadores são sempre amargos e infelizes. Venho, pois, convidá-los à reconciliação, em nome de Jesus. Se muito mal lhes causei, peço-lhes que me perdoem. Trabalharei intensamente por repará-lo. Incapaz de prosseguir, Onésio chorava copiosamente, enquanto o mentor concluía:

- Suas lágrimas se unem às de nossos irmãos. Eles prometem que não voltarão a perturbar seu lar e que buscarão novos caminhos, inspirados em seus exemplos...

Dois dias depois, Dirce recebia o marido com um brilho diferente no olhar:

- Onésio, meu querido! Que saudades!

Ele contemplou embevecido e feliz a esposa, desfrutando de uma acolhida de que há muito se desacostumara.

Dirce se regozijava com o amor pelo marido que renascia em plenitude, sem saber explicar a metamorfose que se operara em seu mundo íntimo, como se saísse de densa escuridão para abençoada luz.

Mas Onésio sabia, dizendo em pensamento:

- Obrigado, meu Deus! Muito obrigado!

* * *

Ficaríamos espantados se pudéssemos identificar como é frequente o assédio de Espíritos que nos perseguem, atendendo a motivações variadas.

Semelhante realidade, que a fantasia teológica situa como presença demoníaca, não será passível de nos desajustar, desde que nos disponhamos a cultivar as virtudes cristãs, com o que não apenas anularemos a influência daqueles que desejam nos induzir ao mal, mas, sobretudo, os conduziremos irresistivelmente ao Bem.

A noiva recalcitrante

Ariosto era um espírita culto e esclarecido.

Favorecido por disciplinadas faculdades mediúnicas e por permanente disposição para ajudar o semelhante, conseguia definir com objetividade a natureza dos problemas de pessoas que procuravam sua orientação.

Confiantes em suas possibilidades, Luzia e seu marido Ernani se aproximaram, após a reunião habitual, no Centro Espírita onde o dedicado seareiro atuava. A esposa se adiantou:

- Dora não está bem, meu caro Ariosto, ante a proximidade de seu casamento, dentro de um mês.

- Medo de casar?

- Antes fosse apenas isso. Normalmente a noiva sente alguma vacilação, em face da radical mudança em sua vida. Ocorre que, muito mais que atemorizada, ela está deprimida, angustiada, quase infeliz...

O marido intervém:

- Já comentei com Luzia que talvez o problema seja de natureza afetiva. Dora começa a perceber que Alcides não é exatamente seu eleito.

- Não concordo, meu querido. Eles se amam muito. Dora não poderia sequer cogitar de desfazer o noivado. Daí o problema. Entendo que há algum envolvimento espiritual que desconhecemos...

- Pois é, Ariosto. Luzia acha que um "empurrãozinho" do Além resolveria. E você tem nossa procuração para isso.

- Não brinque... Não quero forçar nada, muito menos uma união que não faça parte do destino de nossa filha. Sei que uma forte rejeição pode significar que o noivo não faz parte de seu caminho, mas tenho absoluta convicção de que sua perturbação guarda outra origem. Sou testemunha do afeto que ela dedica a Alcides e quanto tem sofrido com essa situação.

Após ouvir atentamente as ponderações do casal, Ariosto comentou:

- Pelo que conheço dos dois jovens, entendo que eles têm um compromisso firmado perante a Espiritualidade. Ocorre que há um Espírito tentando atrapalhar. Alguém que compartilhou com Dora de experiências menos edificantes no passado e que a envolve agora, num processo obsessivo, pretendendo impedir o casamento. Não conseguirá seu propósito, porquanto matrimônios planejados no Céu dificilmente deixam de concretizar-se na Terra.

Luzia se adiantou:

- Devemos, então, alertar Dora sobre o assunto, para que se disponha a vencer as pressões que vem sofrendo?

- Não é conveniente. Evitem falar-lhe a respeito. Depois saberão porque.

- E como poderemos ajudar?

- Oferecendo-lhe carinho e compreensão. E, sobretudo, orem, favorecendo a ação dos amigos espirituais. O casamento será realizado na data marcada e dentro de um ano, aproximadamente, a influência obsessiva estará inteiramente superada.

Luzia e Ernani seguiram a orientação. Confiantes na ajuda espiritual esperaram pela decisão da filha, sem pressioná-la.

Vencendo finalmente suas vacilações, Dora se casou na data que fixara com o noivo. Espírito amadurecido, Alcides enfrentou com serenidade os "grilos" da jovem, suas crises de angústia que perduraram.

Em breve, ela engravidou, iniciando uma gestação pontilhada de males físicos e eventuais crises de agressividade, quando parecia possuída de irreprimível aversão pelo marido.

Com o nascimento de Oswaldo, um meninão robusto e chorão, Dora readquiriu a alegria de viver e reencontrou o afeto pelo marido, a quem, se sentia agora mais ligada do que nunca.

Feliz, Luzia procurou Ariosto.

- Aconteceu exatamente como você previu. Dora superou seus problemas e se regozija com o casamento, tomada de amores pelo filho e o marido.

- Agradeçamos a Deus.

- E o obsessor? Certamente foi afastado, segregado em regiões sombrias da Espiritualidade...

- Nada disso.

- Continua perto?

- Mais do que nunca.

- Então, ainda exerce sua influência?

- Ao contrário. Ele é influenciado.

- Não estou entendendo...

- É fácil: o obsessor reencarnou como seu filho.

* * *

Inspirados nas mais variadas motivações, há Espíritos que promovem obsessões cruéis, pretendendo submeter as vítimas aos seus caprichos, comandando-lhes a existência.

Sempre que há possibilidade, tais envolvimentos começam a ser solucionados com programas reencarnatórios que ligam obsessores e obsidiados pelos laços da consanguinidade, ajudando-os a superar todas as divergências em favor da própria renovação.

O fator humano

Sinval se impressionara com a morte de Antonio, um "trombadinha" de treze anos, nas proximidades de sua casa. Ele fora baleado pela polícia após um assalto.

Na reunião mediúnica do Centro que frequentava, indagou ao mentor quanto à possibilidade de conversar com o protetor espiritual do morto.

Solicitação atendida, em breves momentos se manifestava Bento que, após as saudações iniciais, dispôs-se a responder às indagações de Sinval.

- Antonio veio para existência breve?

- A intenção era situá-lo por aproximadamente seis decênios na carne.

- Poderia nos dizer sobre o planejamento feito em seu benefício?

- Não houve possibilidade de ampla planificação para as experiências terrestres de Antonio, por faltar-lhe a disciplina e o discernimento necessários para assumir compromissos. Enfrentamos muitas dificuldades, a começar com Rita, sua mãe. Trabalhamos durante meses com ela, pelos condutos da inspiração, buscando demovê-la da ideia de abortar. Se não queria o filho, que o entregasse a um casal que pudesse adotá-lo.

- Já havia uma escolha quanto aos pais adotivos?

- Seriam Gaudêncio e Nádia, companheiros de Antonio em existências anteriores. A condição de filho adotivo ser-lhe-ia preciosa experiência.

- E como foi o encontro?

- Logo após o nascimento do menino, guiamos os passos de Rita até o lar escolhido, em cuja porta o deixou. Suavemente envolvidos por nossa influência, Gaudêncio e Nádia se emocionaram com o recém-nascido e cogitaram imediatamente da adoção, contando com entusiasmado apoio dos dois filhos. Contudo...

- Houve problemas?

- Simplesmente desistiram, empolgados por variadas dúvidas, a considerarem que um novo filho representaria mais trabalho, maiores responsabilidades... Durante anos tentamos localizá-lo em outro lar. Sabíamos que sem uma família disposta a ampará-lo ele teria dificuldades para superar suas fraquezas. Imaturo, seria tentado a resolver seus problemas partindo para a delinquência. Foi exatamente o que aconteceu, desde os nove anos, quando fugiu do orfanato onde fora internado.

Sinval ouvia comovido a narrativa. Várias indagações fervilhavam em sua mente.

- Poderíamos dizer que a equipe que trabalhou em favor de Antonio, da qual o irmão participa, agiu como instrumento de Deus?

- Sempre que nos propomos ao exercício do Bem e o fazemos de maneira consciente e disciplinada, o Senhor nos tem por preciosos auxiliares.

- Assim sendo, era da vontade de Deus a adoção por parte de Gaudêncio e Nádia?

- Sem dúvida.

- Por que, então, não deu certo?

- Deus nos outorgou o livre-arbítrio, afim de que sejamos responsáveis por nossos atos e donos de nossa vida. Por isso, o cumprimento dos desígnios divinos, na lavoura do Bem, depende da boa vontade dos homens.

- Isso significa que em todo planejamento da Espiritualidade Maior nesse sentido, há que se considerar o fator humano?

- Sim, e aí reside o grande problema, porquanto os homens se sensibilizam ante os apelos da Divindade, mas se deixam seduzir por suas próprias vacilações. Proclama velho aforismo que "o homem propõe e Deus dispõe"; no entanto, em relação às iniciativas mais nobres, não raro ocorre o inverso: Deus propõe e o homem dispõe, recusando-se a cumprir as diretrizes do Alto.

- É frequente o descumprimento da Vontade Divina em relação às crianças que nascem na Terra?

- Para saber exatamente basta calcular a quantidade de menores com problemas semelhantes aos de Antonio. Toda criança abandonada exprime o "fator humano", a distância dos programas de Deus.

- E quanto a Antonio?

- No momento, experimenta grande turvação mental, em instituição socorrista da Espiritualidade. Oportunamente tentaremos nova experiência para ele na carne, buscando sensibilizar almas generosas que se disponham a ajudá-lo...

O mentor se despediu, enquanto Sinval ficava a meditar como é difícil cogitar das iniciativas divinas em favor dos homens, enquanto cada homem estiver interessado em seu próprio bem-estar.

* * *

Ao abrigo da jornada terrestre, atendendo a cuidadosas diretrizes de mentores espirituais, cruzamos com companheiros de experiências passadas que hoje nos são confiados para trabalhos redentores.

Um filho inesperadamente concebido, uma criança para adoção, o familiar ao desamparo, o amigo em dificuldade...

Se não estivermos atentos, cérebro iluminado pela reflexão, coração aquecido pela fraternidade, deixaremos passar o ensejo de ajudar, com perda preciosa de tempo.

E acrescentaremos débitos a nossa conta existencial na medida em que, por falta de nosso apoio, desviem-se dos roteiros do Bem aqueles aos quais nos competia amparar.

A profissão de fé

Diante de algumas dezenas de pessoas que compareciam ao Centro para receber assistência espiritual, dizia Fabrício:

- Meus amigos, a Doutrina Espírita é o consolador prometido por Jesus, o Espírito de Verdade que nos esclarece a respeito de angustiantes questões relacionadas com nossa existência. Ensina-nos, sobretudo, que nossa felicidade é uma construção árdua que devemos edificar na intimidade de nossos corações, superando mazelas e imperfeições com o esforço perseverante do Bem. O trabalho da fraternidade, a disciplina das emoções, a participação ativa em serviços que visam atender ao semelhante, são de importância fundamental em favor de nossa renovação.

Enquanto falava, via alguém no fundo do salão, a acenar, pedindo a palavra. Era Nonato, senhor de meia idade que vinha comparecendo às reuniões há algumas semanas. Ante sua insistência, permitiu que se manifestasse.

- Peço a todos perdoar a intromissão, mas não podia deixar de dizer algo a respeito de minha experiência pessoal. Desde que me entendo por gente ando às voltas com perturbações espirituais relacionadas com insuspeitada sensibilidade psíquica. Desconhecendo inteiramente os mecanismos de sintonia a que estou sujeito, via se sucederem males físicos e espirituais nascidos de indesejável associação fluídica com Espíritos em desajuste. Um dia, alguém sugeriu que procurasse um Centro Espírita...

Nonato faz uma pausa, contendo a emoção. Embora o inusitado daquela profissão de fé, Fabrício sentiu que de certa forma o testemunho era válido. Por isso, contrariando a rotina, permitiu que continuasse.

- Foi amor à primeira vista. Encantei-me com o Espiritismo. Jamais poderia imaginar que um princípio filosófico oferecesse explicações tão lógicas a respeito da existência. A Reencarnação, associada à Lei de Causa e Efeito, compõem uma chave mágica capaz de equacionar os mais angustiantes problemas humanos. As noções a respeito da vida além túmulo, as ligações entre encarnados e desencarnados, o vasto continente espiritual desdobrado às nossas perquirições, tudo isso me deslumbra.

Lágrimas deslizam por suas faces. Empolgado, o recém-convertido acentua:

- Há anos sofro depressões e angústias, sem encontrar qualquer alívio junto aos recursos da Medicina, além de meros paliativos. Hoje compreendo que é tudo decorrente de minha sensibilidade não disciplinada e que no trabalho espírita está o roteiro seguro de minha recuperação. Quero, pois, de público, manifestar meu propósito de seguir as orientações que tenho recebido, sem arredar pé, sem afastar-me um milímetro sequer, participando ativamente das atividades desta casa abençoada.

- Aí está, meus amigos, - conclui Fabrício - vínhamos discorrendo sobre o valor do conhecimento espírita e nosso irmão nos deu o exemplo de como o Espiritismo mexe com a gente, despertando em nós incontidos propósitos de servir.

Encerrada a reunião, foi procurado por Nonato.

- Quero pedir-lhe desculpas por minha interferência. Não resisti ao impulso de falar, manifestando o propósito de cumprir a orientação espírita, exaltando os benefícios que ela pode nos proporcionar.

- Regozijo-me por sua disposição. Há muito serviço e, como dizia Jesus: "A Seara é grande e os trabalhadores são poucos."

- Conte comigo. Aqui estarei em alguns dias da semana, disposto a abraçar qualquer tarefa.

- Deus o abençoe em seu nobre propósito, meu amigo.

Os dias se desdobraram, passaram-se várias semanas e Fabrício não mais encontrou Nonato no Centro.

Resolveu investigar. Foi até sua casa. A esposa o recebeu.

- E o nosso Nonato, o que está acontecendo? Não tem comparecido ao Centro.

- Ah! Não foi nada não. É que o Nonato teve alguns contratempos. Logo irá.

- Ainda bem. Diga-lhe, por favor, que o estamos esperando.

O tempo passou. Aparentemente os contratempos não foram jamais superados, porquanto Nonato nunca mais voltou.

* * *

Iniciantes da Doutrina Espírita, deslumbrados, dispõem-se a realizações mil.

Todavia, entre o desejar e o fazer há a velha tendência ao acomodamento, disfarçada de "contratempos".

Aquele que tem consciência de que há uma meta a ser atingida não espera por tempo favorável.

Simplesmente caminha.

O negócio que não se realizou

O abrigo espírita para idosos atravessava situação crítica. Há vários meses as despesas superavam as receitas, reduzindo drasticamente as reservas financeiras.

Sandoval, o presidente, preocupava-se com os oitenta velhinhos sob seus cuidados e mobilizava diretores e voluntários, planejando campanhas salvadoras.

Conversava com Cícero, o vice-presidente, na sala de reuniões, quando foi procurado por Lúcio Flávio, conhecido fazendeiro, homem de muitas posses.

Era uma presença animadora. O visitante poderia ser a solução dos problemas do abrigo.

Sandoval, o abraçou efusivamente.

- Como vai essa fortaleza? Prosperando sempre?

- Não posso queixar-me, meu amigo. Sigo em frente, "como Deus é servido".

- Excelente! Se dispostos a servir ao Senhor, estaremos sempre bem.

- É isso aí.

- A que devemos a honra de tão ilustre visita?

- Soube que o abrigo está em dificuldades e resolvi apresentar-me para colaborar.

- Realmente isso está acontecendo. Você chegou em boa hora.

- Eu gosto de ajudar. Vocês merecem. Fazem um trabalho altamente meritório. Tenho um dinheirinho que lhes será útil.

Sandoval o convidou ao escritório, que ficava ao lado. Tomou o talonário de doações.

- Vou preparar o recibo. Quanto será?

- Quinhentos mil cruzeiros.

O dirigente se regozijou. Exatamente o que precisava para atender às despesas do mês. Dispunha-se ao preenchimento quando o fazendeiro falou, reticencioso:

- Gostaria de fazer um pedido...

- Será uma ordem.

- É só um favorzinho. Eu os ajudo e gostaria que me ajudassem...

- Tudo bem, Lúcio Flávio, pode falar. Teremos prazer em colaborar com você.

- É que... preciso de um recibo de cinco milhões de cruzeiros...

- O donativo não será de quinhentos mil?

- Sim, mas tenho problemas com o fisco. Devo comprovar gastos naquele valor.

- E como vamos justificar a contabilização de um dinheiro que não existe?

- Sempre se pode dar um jeitinho.

- O "jeitinho brasileiro"?

- Isso mesmo. Não será difícil o acerto contábil. Vocês não pagam impostos, nem enfrentam fiscalizações.

- Sinto muito, Lúcio Flávio. Isso não pode ser feito. Estamos procurando dar um jeitinho sim, mas o jeito espírita de servir no campo do Bem, que não compactua com o propósito de lesar o poder público.

- Não leve o assunto tão a sério. Afinal, se o governo vive a nos roubar, temos o direito de fazer o mesmo. Lembre-se de que "ladrão que rouba ladrão tem cem anos de perdão".

- Podemos encontrar justificativa para tudo, sob o ponto de vista humano. Ocorre que tentamos observar a "ótica de Deus", que pede fidelidade à própria consciência. Se você estima ditados, considere o que Jesus ensinou: "A César o que é de César e a Deus o que é de Deus".

- Se é assim, não poderei efetuar o donativo.

- Pensei que quisesse ajudar...

- Até que gostaria, mas tenho que zelar por meus interesses. Se não colaboram comigo, não vejo porque colaborar com a instituição. Afinal, "uma mão lava a outra".

Desapontado, o fazendeiro se despediu, enquanto Sandoval se obrigava a conter a própria língua, ante o impulso de lembrar-lhe a advertência de Jesus:

"É mais fácil um camelo passar pelo fundo de uma agulha do que um rico entrar no Reino dos Céus".

Pouco depois entrava Cícero.

- Então, recebeu o donativo?

- Infelizmente, não. Houve um engano. Nosso visitante não queria efetuar nenhuma doação. Pretendia apenas um negócio, do tipo que não realizamos...

* * *

A riqueza é um recurso abençoado quando usada com generosidade e desprendimento. Há prodígios que o dinheiro pode realizar em favor dos carentes de todos os matizes.

A grande dificuldade é que o homem rico tende a enveredar pelos caminhos da ambição, perdendo o contato com os valores espirituais da existência. Por isso, raciocina sempre em termos de lucro, mesmo quando se disponha a abrir seus cofres para atender o semelhante, como se fosse possível comercializar a caridade.

Uma aluna mais adiantada

Lanase se aborrecia com sua mãe. Dona Lurdes estava com setenta e cinco anos, tomada de achaques e de impertinências. Semi-inválida, com dificuldades para cuidar-se, precisava de muita paciência e atenção por parte da filha.

O marido e os filhos sugeriam, não raro, que seria melhor interná-la num abrigo para idosos, mas ela se recusava a admitir tal solução.

Espírita, tinha consciência de seus deveres filiais. Em *O Evangelho Segundo o Espiritismo* estava bem claro que os filhos devem todo apoio aos pais na velhice, amparando-os.

Lia sempre, no capítulo XIV, o comentário de Allan Kardec: "Honrar a seu pai e a sua mãe, não consiste apenas em respeitá-los; é também assisti-los na necessidade; é proporcionar-lhes repouso na velhice, é cercá-los de cuidados como eles fizeram conosco, na infância."

Impressionava-a a afirmativa do Codificador de que tudo o que os filhos fizessem por seus pais seria apenas o juro do que receberam, o pagamento de uma dívida de gratidão.

Quanto a isso não havia dúvidas. A idosa senhora fora mãe dedicada e carinhosa. Cuidara muito bem dela. Quando, com base em suas próprias experiências maternas, pensava nas noites insones, nas preocupações ante as enfermidades infantis, nos infindáveis cuidados que uma criança exige, no diligente esforço da genitora em seu benefício, parecia-lhe um crime descartar-se dela.

Considerando-se aprendiz dos valores espirituais, esforçava-se por cumprir seus deveres como filha.

Ainda assim, havia momentos em que o asilo lhe parecia tentador, até que travou contato com Heloísa, simpática senhora que começara a frequentar o Centro do qual participava.

Buscando estreitar laços de amizade, fez-lhe uma visita e a encontrou às voltas com sua mãe, sofrida anciã, cega e com adiantada surdez. Muito insegura, ela reclamava a presença constante da filha, deixando escapar, na conversa vacilante, o receio de ser abandonada à própria sorte.

- Nossos velhos dão muito trabalho, não é mesmo? - comentou, quando se viu a sós com a dona da casa.

- É assim mesmo - respondeu Heloísa sorrindo. - A velhice impõe imensas limitações. O idoso retorna, de certa forma, à idade infantil, em sofrida dependência.

- Confesso que a paciência não é o meu forte. Só fico com a mamãe porque o Espiritismo ensina que tenho essa responsabilidade. Ela cuidou de mim durante muitos anos. Foi meu apoio constante, mesmo depois de meu casamento. Deu muito carinho aos meus filhos.

- Realmente, somos grandes devedoras de nossas mães. Pelo simples fato de nos terem posto no Mundo, sujeitando-se aos nove meses de gestação e às dores do parto, merecem todo o nosso respeito e solicitude.

- Você tem irmãos?

- Somos oito.

- Meu Deus! Quanta gente!... Rodeada de filhos, ainda assim sua mãe tem receio de ser abandonada?

- É o seu maior temor. Apavora-se ao pensar nisso.

- Há algum fundamento?

- Talvez seja porque nos deixou a todos...

- Deixou?...

- Alguns meses após o falecimento de meu pai ela se envolveu com um homem, apaixonando-se perdidamente. Dispôs-se a viver a seu lado e porque ele não aceitasse os filhos, partiu sozinha.

- Abandonou os oito filhos?!

- Sim.

- E como vocês ficaram?

- Meu irmão mais velho, com dezessete anos, e eu, com dezesseis, assumimos os encargos da família. O mais novo tinha dois anos. Foram tempos difíceis. Cheguei a trabalhar como serviçal doméstica. Mas, com a graça de Deus, aos poucos melhoramos nossa situação. Hoje estamos relativamente bem, todos casados.

- E ficaram muito tempo sem contato com a mãe?

- Vários anos.

- Como a encontraram?

- Foi há dois anos. Ela já estava cega e alquebrada. Seu companheiro, doente, com câncer no estômago, morreu pouco depois.

- Entendo agora os temores de sua mãe. Imagina que façam com ela o que fez com vocês.

- A pobrezinha está debilitada, dependente. É natural que tenha receios. Temos procurado demonstrar-lhe que não há razão para isso.

Lana se sentia perplexa.

- Apesar de tudo o que o Espiritismo se ensinou, não sei se teria disposição para assumir uma mãe que houvesse abandonado a família por um pilantra qualquer.

- Bem, eu não entendo muito da Doutrina. Sou apenas uma iniciante. Guio-me pelo coração e dentro dele não há espaço para rancores contra mamãe. Meus irmãos compartilham do mesmo sentimento. Ela sofreu muito. Foi judiada pelo homem que escolheu. Encaro sua deserção como uma espécie de doença moral. Ela precisa de mim...

Lana se despediu e, de retomo ao lar, admitia que sua nova amiga estava bem adiante dela no aprendizado espiritual.

* * *

Jesus ensinava que quando cumprimos nossos deveres não passamos de servos inúteis que apenas fizeram o que lhes foi determinado.

Assim ocorre com os valores do Bem, que ensaiamos praticar porque aprendemos que assim deve ser feito, no cumprimento da vontade de Deus.

Felizes os que o fazem, não porque devam exercitar a bondade, mas porque são espontaneamente bons.

O misterioso poder da fraternidade

João dirigia em silêncio.

O automóvel deslizava rápido, na manhã fria, encurtando a distância que o separava da cidade vizinha.

Ao lado, Carla, sua esposa, meditava sobre uma contraditória situação, envolvendo a vida e a morte.

Ela e o marido iam em missão fúnebre. Dariam assistência a Lavínia, sua irmã, cujo marido falecera num acidente de trânsito, na noite anterior. Ao mesmo tempo, atendia à subsistência de uma criança, levando-lhe algumas latas de leite.

Pouco depois de receber a notícia da tragédia, uma vizinha lhe falara de apelo ouvido no rádio: um menino necessitava, urgentemente, de algumas latas de leite, de tipo especial, em falta no mercado.

Carla tinha o desejado produto. Informara-se do número de telefone indicado. Era na mesma localidade onde residia Lavínia. Feita a ligação, uma senhora atendera:

- Meu nome é Lúcia. O leite é para meu neto. Fico imensamente grata pela sua atenção. Irei até aí buscar as latas. Peço-lhe verificar o preço.

- Teremos prazer em colaborar e nem pense em pagamento. Nosso filho não está mais usando esse leite. E não há necessidade da senhora vir até aqui. Estamos de saída para sua cidade.

Carla se despedira, após fornecer o endereço da irmã.

Como ocorre com as almas nobres, embora a tristeza pelo drama familiar, ainda encontrava disposição para auxiliar alguém em dificuldade.

Despertando de suas divagações, Carla notou que estavam chegando. Pouco depois, abraçava a irmã.

- Que desgraça, Carla. Jamais poderia imaginar que perderia meu marido tão tragicamente.

- Calma, minha querida. Confiemos em Deus...

Um problema reclamava providências urgentes. O acidente fora em localidade distante. O corpo do falecido deveria ser transportado por avião. As despesas eram grandes, acima das possibilidades da viúva.

Os familiares presentes foram convocados a contribuir, mas não havia ninguém bem situado financeiramente. O valor arrecadado não chegava à metade do necessário.

Lavínia se desesperava:

- Oh! Meu Deus! Que faremos?!

A irmã procurava tranquilizá-la:

- Não se preocupe. Havemos de encontrar uma solução.

Em meio à desolação, Carla foi informada de que a procuravam à porta.

Era Lúcia, que viera buscar o leite.

- Quero agradecer uma vez mais a gentileza. Essas latas de leite são muito importantes para meu neto.

- Foi um prazer ajudar.

- Verificou o preço?

- Não há necessidade. O leite não tinha mais nenhuma utilidade para nós. Não há o que pagar.

- Por favor, faço questão. Não quero abusar de sua bondade.

- Repito que não é nada. Dou-me por compensada pelo simples fato de ter sido útil.

Vendo que não conseguiria demovê-la, Lúcia mudou de assunto:

- Fui informada, ao chegar, do falecimento de um familiar seu. Sinto muito...

- É meu cunhado. Morreu ontem à noite, em acidente. Foi longe daqui.

- E o corpo?

- Virá de avião.

- Está tudo acertado?

- Sim...

- Noto que a família é modesta. Há dinheiro para pagar o traslado?

- Estamos providenciando.

- Gostaria de contribuir.

- Agradecemos sua atenção, mas não será necessário.

Lúcia insistiu. Todavia, notando que Carla se escusava, procurou seu marido e perguntou-lhe. Ele informou:

- Arrecadamos metade do valor cobrado pela empresa aérea.

- Pois bem, veja quanto falta.

João se emocionou com a oferta, mas não lhe parecia justo envolvê-la nos problemas da família.

- Agradeço de coração sua boa vontade, mas, por favor, não se preocupe...

Lúcia sorriu.

- Faço questão. Afinal, somos "irmãos de leite".

Ato contínuo, preencheu um cheque com o valor que, à custa de sua insistência, João lhe fornecera.

E enquanto Lúcia se despedia, Carla, comovida, avaliava intimamente o misterioso poder da fraternidade, mesmo quanto se trata da simples doação de algumas latas de leite.

* * *

Fala-se muito dos rigores da Lei de Causa e Efeito, evidenciando que os males que praticarmos fatalmente desabarão sobre nós, na forma de doenças e dores, problemas e dificuldades.

Mais importante seria destacarmos os valores do Bem que, consoante os mesmos princípios de causa e efeito, resultarão, invariavelmente, em chuva de bênçãos para aqueles que os cultivam.

Operação Talita

- Talita tem um tumor na espinha dorsal. É pequeno, mas o bastante para pressionar o feixe de nervos que passa por ali, provocando as dores intensas que a afligem.

Luiz César ouvia consternado a revelação do doutor Orestes. Possuía suficiente conhecimento para saber que se tratava de um problema sério.

- Maligno?

- Provavelmente não. De qualquer forma, só saberemos com certeza após o exame anatomopatológico.

- É preciso operar?

- Sim. Quanto mais crescer, mais complicada a remoção. As dores acentuar-se-ão e ela poderá experimentar uma paralisia das pernas.

- Há riscos?

- Toda cirurgia envolve alguns, embora tenhamos progredido muito. Vamos cortar uma região delicada e não sabemos exatamente até que ponto a tumoração se entranhou no tecido nervoso. Impossível garantir que não haverá sequelas.

- Podemos esperar alguns dias? Gostaria de preparar minha esposa adequadamente. Ela confia muito nos recursos de ajuda que podem ser mobilizados no Centro Espírita que frequentamos. Sentir-se-á mais segura.

- Está bem. Marcaremos a cirurgia para dentro de duas semanas, mesmo porque há exames preliminares.

À noite, em reunião íntima no Centro, com a presença de tarefeiros ligados aos serviços de assistência espiritual, Luiz César expôs o problema, acentuando:

- Conto com a colaboração de todos. O caso é grave, mas tenho certeza de que se unirmos nossas vibrações criaremos condições ideais para que tudo corra da melhor forma possível, considerando, naturalmente, os compromissos cármicos de minha esposa, cuja extensão desconhecemos.

Elói, um dos diretores da instituição, sempre muito objetivo e dinâmico, sugeriu:

- Vamos todos colaborar, não apenas por exercício de caridade, mas, sobretudo, como intransferível dever. Talita é uma companheira dedicada e amiga. Sugiro que não fiquemos apenas em boas intenções. Vamos compor equipes que se revezarão. Nossa irmã receberá passes magnéticos pela manhã e à noite. Onde estivermos, formaremos uma corrente de vibrações no horário em que os passistas escalados estiverem realizando o seu trabalho. Será nossa "Operação Talita", mobilizando todos os servidores desta casa.

A proposta foi recebida com entusiasmo. Durante duas semanas a programação foi cumprida fielmente, envolvendo dezenas de pessoas que, de longe ou de perto, garimpavam em seu tempo minutos preciosos de participação vibratória.

Quanto à paciente, comportava-se com serenidade e confiança, favorecendo a plena assimilação dos recursos mobilizados por benfeitores encarnados e desencarnados.

Na data aprazada, a nova consulta.

- Então, Talita - perguntou o médico - está preparada?

- Sim, doutor, confiante em Deus e no senhor.

- Ótimo. Faremos hoje o último exame radiológico, confirmando a posição do tumor. Operaremos no início da noite.

Algumas horas depois era feita a internação hospitalar. Já acomodados no apartamento, marido e mulher receberam a visita do doutor Orestes, que trazia o resultado das radiografias. Muito sério, perguntou:

- Afinal, Luiz César, que tipo de preparo você fez em sua esposa?

- Nada que pudesse prejudicá-la. Apenas mobilizamos recursos espirituais em seu benefício. Algum problema?

- Sim. Não podemos operar.

Luiz César se sobressaltou:

- Aumentou o tumor?

O médico se abriu em largo sorriso:

- Pelo contrário: regrediu! Não há mais o que operar.

Tomados de emoção, marido e mulher se abraçaram, enquanto o doutor Orestes se despedia a dizer, com expressão marota:

- Não sei o que fizeram. Só lhes peço que não espalhem a fórmula ou terei que fechar meu consultório.

* * *

Quando um grupo de pessoas se dispõe a unir seus melhores sentimentos, vibrando em benefício de alguém, fazendo-o de forma disciplinada e perseverante, forma-se um imenso potencial de socorro, favorecendo a atuação decisiva de benfeitores espirituais.

Os prodígios do Céu chegam, não raro, pela passarela da boa vontade estendida pelos que vivem na Terra.

A eficiência das testemunhas

Iniciante espírita, Etelvino se empolgava com os princípios doutrinários, que lhe ofereciam uma visão objetiva dos problemas humanos.

Suas dúvidas se relacionavam com a presença dos Espíritos. E indagava de seu amigo Dino, antigo estudioso do Espiritismo:

- Você acredita que os Espíritos estão presentes no dia-a-dia, exercendo influência em nossos estados de ânimo e participando dos acontecimentos?

- Perfeitamente. Não é nenhuma novidade. Desde as culturas mais antigas vemos o Homem às voltas com seres espirituais. Jesus conversava com eles frequentemente. Em inúmeras passagens evangélicas vemo-lo afastando entidades malfazejas de suas vítimas. E na questão n. 459, de *O Livro dos Espíritos*, está bem claro que os Espíritos frequentemente nos dirigem.

- Não seria mais lógico que cuidassem da própria vida, em seu Mundo?

- É o que fazem, de conformidade com seus interesses e necessidades. Considere, porém, que o Plano Espiritual não está situado em compartimento estanque, distante das cogitações humanas. É apenas uma projeção do Plano Físico. Começa exatamente onde estamos, razão pela qual o apóstolo Paulo dizia que somos rodeados por uma nuvem de testemunhas.

- Como podemos constatar, por experiência própria, a presença dessas insólitas testemunhas em nossa vida?

- Não é preciso esperar por fenômenos espetaculosos. Basta observar as circunstâncias do cotidiano, as ideias que surgem, os encontros fortuitos, o vai-e-vem dos sentimentos, os acontecimentos aparentemente ocasionais. Tudo isso pode ser perfeitamente justificado pela interferência desses seres invisíveis que nos cercam.

- Nossas testemunhas têm condições para resolver problemas, como, por exemplo, localizar determinada pessoa?

- Sem dúvida, e muito mais que isso.

- Poderíamos tentar um teste?

- Que espécie de teste?

- A respeito da ação das testemunhas...

- Não sei o que está pretendendo, mas lhe adianto que os benfeitores espirituais não cuidam de futilidades.

- Não há nada de fútil. Trata-se de algo muito sério, envolvendo um problema. Devo localizar velha serviçal doméstica, Dalva, que trabalhou em minha casa há perto de quinze anos. Tenho duas semanas para resolver determinada pendência que a favorecerá. A busca tem sido infrutífera. Ela simplesmente desapareceu.

O amigo sorriu:

- Não tenho procuração deles para contratações.

- Mas acha que é possível?

- Bem, não creio que a senhora procurada venha a materializar-se à sua frente, em prodigioso fenômeno de transporte, mas se nossos amigos do Além julgarem que devem ajudá-lo, em benefício dela, certamente o farão.

Na verdade, Etelvino não fazia nenhuma fé em semelhante possibilidade. Por isso, tão logo deixou o amigo esqueceu-se do assunto, envolvido por suas atividades rotineiras, embora continuasse empenhado em localizar a antiga serviçal.

Dois dias depois, acordou com impertinente dor no pescoço. Mal podia movê-lo. Porque não encontrasse alívio em analgésicos, procurou um fisioterapeuta.

O médico, após examiná-lo, recomendou algumas sessões de diatermia. Conduzido pela atendente à sala de aplicações, tirou a camisa e se deitou de bruços numa cama alta. Pouco depois, entrou a enfermeira que, massageando-lhe o pescoço com o aparelho, disse:

- Eu o conheço de nome. Minha avó fala muito do senhor e de sua família.

- Como se chama?

- Dalva.

Um curto-circuito no aparelho não teria provocado impressão mais forte. Etelvino empalideceu visivelmente, presa de forte emoção. A enfermeira interrompeu a aplicação, indagando, preocupada:

- Sente-se mal? Quer que eu chame o doutor?

- Não foi nada, minha filha. Fique tranquila.

E para surpresa da jovem, concluiu:

- Apenas fiquei impressionado com a eficiência das testemunhas. Dei-lhes duas semanas e resolveram o assunto em dois dias.

* * *

Quando Shakespeare escreveu que há mais coisas entre a Terra e o Céu do que supõe nossa vã sabedoria, enunciou uma realidade hoje demonstrada pela Doutrina Espírita.

Entre o Plano Físico e as Regiões Celestes há multidões situadas em variados estágios evolutivos que se envolvem com os homens, ajudando-os ou perturbando-os, de conformidade com suas tendências.

A constatação dessa influência não deve ser passível de nos perturbar. Pelo contrário: é animador saber que podemos ser orientados e ajudados por benfeitores desencarnados, cumprindo-nos tão somente observar que a natureza dos Espíritos que nos acompanham se subordina ao fator sintonia.

Se nos envolvemos com vícios e desregramentos, paixões e inconsequências, fatalmente seremos assediados por Espíritos que guardam as mesmas tendências.

Se aspiramos à companhia dos virtuosos é indispensável que cultivemos a virtude.

A força do destino

Melina acordou assustada:

- Meu Deus! Que pesadelo horrível!

Eduardo, o marido, encarou-a sorrindo:

- Sonhou que a troquei por outra? Olhe que não está fora de cogitação...

- Pior! Vi você morto num desastre de automóvel.

- Ora, meu bem, foi apenas um sonho.

- Mas muito nítido! Seu carro derrapou e saiu da pista, arrebentando-se no acostamento. Logo após, incendiou-se.

O marido procura acalmá-la.

- Não se envolva demais com essas impressões, que são sempre perturbadoras. Se todos os seus pesadelos tivessem algo a ver com a realidade, mil coisas más nos teriam acontecido. Você frequentemente sonha com acidentes, doenças e mortes...

- Desta vez foi diferente. Era tudo incrivelmente real!

Olhos em lágrimas, expressão angustiada, Melina pede ao marido:

- Por favor, querido, não viaje hoje. Telefone ao chefe, diga que está doente...

- Você sabe que não posso me dar ao luxo de faltar ao trabalho porque minha esposa teve um pesadelo.

- O que me aflige é a estrada. São cinquenta quilômetros.

- Tenho feito centenas de vezes o percurso, sem problemas. Você sabe que sou muito cuidadoso.

- Está bem. Então, quero fazer-lhe um pedido: vá de ônibus. Deixe o carro em casa.

- Acidentes também ocorrem com coletivos.

- São menos frequentes. E no ônibus estará mais protegido. Automóveis são muito frágeis.

- A mudança trará problema. Como vou dizer ao Itamar e ao Marcelo que não irão no meu carro? É a minha vez de levá-los.

- Troque a escala. Só hoje...

Eduardo resolve aceder, a fim de tranquilizar a esposa.

- Está bem. Falarei com eles.

E sorrindo:

- Devo dizer-lhes de seu sonho? Quem sabe os livraremos também?

- Meu sonho foi com você. Eles não participaram.

- O acidente foi na ida ou na volta? Se foi na ida poderei retornar com eles.

- Não brinque...

- Seja feita a sua vontade. Regressarei de ônibus. Só que chegarei mais tarde. Não poderemos ir ao cinema.

- Não faz mal. Haverá outros dias.

Eduardo avisou os amigos. Melina foi levá-lo à rodoviária. O marido embarcou algo contrafeito, mas conformado. Faria o sacrifício em favor do bem-estar da esposa.

Beijou-a carinhosamente.

- Até à noite.

- Vá com Deus, querido.

A jovem senhora retornou aliviada ao lar. Embora o marido fosse excelente motorista, confiava mais na segurança do coletivo.

Horas mais tarde recebeu a visita inesperada de Itamar e Marcelo. Ambos taciturnos e tensos.

- Algum problema com vocês? Voltaram cedo... O carro enguiçou?

- O problema é com Eduardo. Houve um acidente com o ônibus. O veículo derrapou, saiu da estrada, bateu no acostamento e se incendiou.

- Meu Deus! E ele, como está?
- Lamentamos muito. Eduardo faleceu...

* * *

A sabedoria popular proclama que ninguém escapa ao seu destino.

Embora as restrições que se possa fazer a semelhante assertiva, já que com o exercício do livre-arbítrio podemos refazer o destino todos os dias, há cobranças cármicas, envolvendo problemas da vida e circunstâncias da morte, que não podem ser dribladas. A submissão a Deus, nesses momentos, é a nossa melhor opção, reconhecendo que a sabedoria divina sabe o que faz e que sejam quais forem as atribulações do presente, o Senhor nos reserva sempre o melhor.

Aprendendo com os próprios erros

Ambrósio recebeu o assistente Rogério, que se fazia acompanhar de um visitante.

- Este é Dagoberto, velho amigo, pai de Mariana, que reencarnou sob orientação de nossa casa.

O diretor da respeitável instituição socorrista, no Plano Espiritual, contemplou com simpatia o recém-chegado, percebendo sofrida ansiedade em seu olhar.

- Temos acompanhado a trajetória de Mariana, amparando-a na medida do possível. Conhecemos a extensão de seus problemas atuais.

- Sabe, então, que minha filha se casou há duas semanas, em virtude de inesperada gravidez. Estou muito preocupado, pois ela tem apenas dezessete anos e o marido, Leo, 20. Ambos abandonaram os estudos por força da nova situação, assumindo atividades profissionais. Embora a aparente felicidade, sinto-os apreensivos e perturbados. Para minha tranquilidade, venho pedir-lhe um favor...

Observando que o amigo vacilava, Rogério se adiantou:

- Dagoberto gostaria de examinar o planejamento reencarnatório de Mariana, a fim de verificar se sua situação atual faz parte das experiências que programou.

Considerando que a solicitação não se inspirava em mera curiosidade, partindo do coração angustiado de um pai, e que a consulta poderia reservar valores educativos, Ambrósio solicitou a uma auxiliar que providenciasse o dossiê da jovem.

Em breves momentos, os três Espíritos podiam tomar contato com os eventos mais significativos da experiência reencarnatória de Mariana, relacionados com nascimento, família, estrutura física, detendo-se em alguns dados reveladores:

Profissão: médica.

Casamento: por volta dos trinta anos encontraria Rubens, companheiro de pretéritas existências, que a antecedera em dez anos na experiência física.

Filhos: receberia três Espíritos Magda, Flávia e Alberto.

Objetivos principais da reencarnação: consolidação de ligações afetivas, encaminhamento dos filhos, desenvolvimento de tarefas em favor da saúde humana.

Tempo aproximado de vida: setenta anos.

Dagoberto não se conteve:

- Meu Deus! Estamos diante de um desvio!

Ambrósio confirmou:

- Sem dúvida. Mariana se casou com o homem errado, na hora errada, pelo motivo errado.

- E o filho?

- Não é nenhum daqueles que deveriam acompanhá-la. Trata-se de entidade sofredora, ligada ao psiquismo do marido. O envolvimento passional favoreceu o automatismo reencarnatório.

- E agora?

- Bem, a partir do momento em que se afastou do planejamento feito, é difícil prever o futuro. Podemos, entretanto, adiantar algo a respeito. Mariana não será feliz no casamento. Passados os tempos de euforia sexual, experimentará indefinível angústia, sentindo que algo saiu errado em sua vida. A vocação para a Medicina a fará sentir-se lesada em suas aspirações. O filho não lhe satisfará os anseios maternos. No tempo previsto, o companheiro que lhe está destinado aparecerá em seu caminho, impondo-lhe a amargura de um amor impossível. Se ceder às solicitações do coração, assumirá novos compromissos cármicos relacionados com a infidelidade e a deserção dos deveres conjugais.

- E os Espíritos que devem renascer em seu lar?

- Dificilmente ela se disporá a ter mais filhos, em face das desilusões conjugais. De qualquer forma, o quadro agora é diferente. O planejamento de todo o grupo será refeito.

- Minha pobre filha! Não é um preço muito alto para simples engano sentimental?

Ambrósio suspirou:

- É o preço da liberdade, meu caro. O desenvolvimento cultural da sociedade humana implica na expansão do livre-arbítrio. As pessoas, hoje, são mais livres para decidirem suas próprias vidas. Ocorre que raros se dão ao trabalho de avaliar as consequências de seus atos, cultivando comedimento.

- Mariana perdeu, então, a existência?

- Absolutamente. Embora o desvio em que se envolveu, ela colherá proveito. Aprenderá quanto à importância da reflexão, habilitando-se, em experiências futuras, a cumprir seus compromissos sem desvios. As frustrações do presente serão, em última instância, uma vacina contra equívocos semelhantes.

- Aprenderá com os próprios erros...

- Exatamente. E os sofrimentos decorrentes a tornarão mais receptiva à ajuda espiritual. Como seu pai, você terá maior acesso ao seu coração, amparando-a.

Despedindo-se do visitante, Ambrósio o abraçou, acentuando:

- Não se deixe dominar pelo desalento. Sua filha precisa de você mais do que nunca. E lembre-se: uma existência na Terra é apenas um elo na imensa cadeia de reencarnações, um segundo na eternidade. Tudo passa, menos o Reino de Deus, a meta suprema. Mariana está a caminho, como todos nós.

* * *

Na sua imensa sabedoria, o Criador harmoniza os acontecimentos em favor de nosso aprendizado, nos caminhos da Evolução.

Reprogramações existenciais são realizadas vezes sem conta, na medida em que, fazendo mau uso do livre-arbítrio, comprometemo-nos em desvios do caminho, até que nos disponhamos a cumprir a programação maior, adequando-nos às Leis Divinas.

Então, desfrutaremos de liberdade irrestrita para fazer exatamente o que Deus espera que façamos.

Uma pitada de bondade

A delegacia estava em polvorosa.

O preso berrava a plenos pulmões:

- Não vão tirar minhas impressões digitais! Não sou nenhum criminoso!

E despejava a torrente de palavrões sobre os policiais que procuravam contê-lo.

De sua sala, no segundo andar, Pimentel, que exercitava a difícil arte de ser delegado espírita, ouvia o alarido ensurdecedor. Interrompendo a leitura de um relatório, decidiu descer.

Chegou a tempo de conter um policial que, perdendo a paciência, pretendia aplicar-lhe persuasivos sopapos.

- Calma, Teixeira. Nada de violência gratuita. O que houve?

- Este cretino fazia arruaça num bar. Agrediu algumas pessoas. Foi preso em flagrante e enquadrado, também, em desacato à autoridade. Agora se recusa à qualificação.

O prisioneiro continuava agitado, tentando livrar-se de três policiais que o seguravam.

- Está bem. Podem soltá-lo.

- Não acho prudente, Doutor. Ele é perigoso.

- Façam o que digo. Deixem-no em paz.

O preso olhou desconfiado para Pimentel.

- Calma, companheiro. Ninguém vai agredi-lo.

- Não vem não! Não vou fazer o que querem!...

- Tudo bem. Vamos tomar um cafezinho.

Uma gargalhada estridente e nervosa introduziu a resposta petulante:

- Vai dar-me café? Pois sim! Onde será? No porão, onde podem bater-me à vontade?!

- Fique tranquilo. Iremos os dois apenas...

Ato contínuo, Pimentel se dirigiu à copa, seguido pelo ressabiado interlocutor.

Serviu-lhe a bebida, perguntando:

- Como é seu nome?

- Pedro.

- O que houve com você, Pedro?

O preso continuava na defensiva:

- Não é de sua conta!

- Tem razão. Não obstante, parece-me que você deve enfrentar muitos problemas, o que o leva à hostilidade, como se houvesse brigado com a Humanidade.

- Quem se importa com isso?

- Eu me importo.

Reticencioso e desconfiado a princípio, Pedro acabou se rendendo à simpatia do delegado. Contou-lhe algo de suas atribulações, em existência sofrida que culminara com a morte de sua esposa no ano anterior.

- Vejo-me sozinho no Mundo, sem família, sem amigos. Dei para beber e foi assim que me envolvi na confusão do bar...

Pimentel contemplava, condoído, aquele infeliz que, aos poucos, passava da agitação para a angústia, irrompendo por fim numa torrente de lágrimas.

- Sou um desgraçado, Doutor! Melhor seria morrer!

- Não pense assim, Pedro. Por pior nos pareça, a vida terrestre é uma concessão abençoada de Deus, onde desfrutamos de oportunidades sempre renovadas de construir um futuro feliz. Você não está sozinho. Tentarei ajudá-lo.

Furtivo brilho animou seu olhar:

- Vai mesmo? Jura?

- Não é preciso. Apenas confirmo que o farei.

Encontraremos um caminho para você. Agora é preciso cumprir a Lei...

- Está bem. Confio no senhor. Farei o que mandar.

- Então vamos...

Pimentel acompanhou o prisioneiro até a sala onde minutos antes ele promovera uma revolução. Espantados, os policiais viram-no submeter-se docilmente à qualificação.

- Eta Espiritismo danado, Doutor! O senhor faz coisas incríveis como espírita!

O delegado sorriu:

- Não fiz nada demais, Teixeira. Apenas respeitei a condição de nosso amigo. Preso também é gente, sabia?

* * *

Há indivíduos que, dominados por instintos bestiais, transformam-se em feras humanas, exigindo todos os rigores da força policial para que sejam contidos em seus impulsos destruidores.

Imperioso, reconhecer, todavia, que, em sua maioria, os delinquentes são apenas criaturas desarvoradas e confusas, que julgam resolver seus problemas arremetendo contra o semelhante.

Por isso, serão contidos com muito mais eficiência e estimulados irresistivelmente à renovação se não perdermos de vista que são filhos de Deus, como todos nós e, como nós, sensíveis aos valores da fraternidade, sempre que estivermos dispostos a usar em seu benefício uma pitada de bondade.

A bênção matrimonial

- O motivo desta visita, além do prazer de abraçá-lo, prende-se ao nosso casamento. Viemos convidá-lo e ficaríamos felizes se nos brindasse com algumas palavras, exorando as bênçãos divinas.

Tarciso Marcos, apreciado expositor espírita, contemplou, sensibilizado, o jovem Carlos e sua noiva. Vezes inúmeras era solicitado a falar em cerimônias matrimoniais.

- Terei prazer em participar das bodas. Se o desejam, tentarei algo dizer sobre o sagrado instituto da família e exercitarei a oração. Não obstante, é preciso considerar que nossos contatos com a Espiritualidade devem sustentar-se no sentimento. Por isso, não há no Espiritismo práticas exteriores nem oficiantes, evitando-se a intermediação.

Após breve pausa, como se aguardasse a assimilação plena de suas palavras, acentuou:

- Em todos os dias de nossa existência, particularmente nos eventos de maior significado, devemos buscar à inspiração do Céu. No entanto, trata-se de um assunto muito pessoal, entre nós e o Criador. Se elegermos intermediário, estaremos transferindo para alguém o empenho que nos compete. Este, por sua vez, chamado à rotina de suas funções, acabará por assumir postura mecânica, mero repetidor de fórmulas, esvaindo-se o sentimento. Daí a superficialidade que marca reuniões dessa natureza, dificultando a sintonia dos participantes com a Espiritualidade.

- Nunca tinha pensado nisso - interrompeu Carlos, surpreso. - Considerando suas ponderações, lembro-me de minha estranheza, certa feita, quando compareci a um velório. Pouco antes do sepultamento, houve o serviço fúnebre. A pequena sala estava superlotada. Calor intenso, sufocante. O oficiante, um senhor encorpado, de meia idade, suava a bicas. Parecia aflito por terminar sua tarefa, que lhe era penosa naquela situação. Tomou o breviário, efetuou rapidamente a leitura dos textos sacros, repetiu rezas, cumprimentou os familiares chorosos, balbuciou palavras de consolo e se retirou.

Tarciso sorriu, benevolente.

- Nosso irmão paga tributo a uma prática estruturada no culto exterior. Impossível sustentar religiosidade autêntica à custa de repetir palavras.

- Isto significa que...

- Exatamente o que você está pensando, Carlos: a melhor maneira de buscar as bênçãos divinas para seu casamento será ambos tomarem a iniciativa, dando-se um ao outro diante de Deus. Falem ao Senhor, em oração, enunciando os propósitos de uma convivência responsável, de cumprimento dos deveres matrimoniais, conjugando os verbos compreender e respeitar. Somente assim o amor superará a mera floração de emoções passageiras, produzindo frutos de duradoura ventura.

Demonstrando perfeita assimilação do que ouvira, Carlos concordou:

- Seguiremos sua orientação, senhor Tarciso. No círculo íntimo, entre familiares e amigos, pediremos as bênçãos divinas para nossa união, com o compromisso de observar os valores cristãos. E contaremos com sua presença amiga...

Pouco depois os jovens partiam.

Sensibilizado, Tarciso lembrou a famosa afirmação de Jesus, no diálogo com a mulher samaritana, contida no capítulo quarto, do Evangelho de João:

"Deus é Espírito, e em espírito e verdade é que o devem adorar os que o adoram."

* * *

Desde as culturas mais antigas, rezas, imagens, estampas, cerimônias, rituais e celebrantes exprimem o empenho do Homem à procura de Deus.

Intuitivamente ele sente que nesse contato está o remédio para seus males, a solução para seus problemas, a paz em meio às atribulações de cada dia, a orientação para seu caminho, o estímulo para a existência, a alegria de viver.

Não obstante, semelhante conquista se situa distante porque o Homem ainda não aprendeu buscar o Criador na intimidade do próprio coração.

Encontros e desencontros

Simone chegou com alguns minutos de antecedência.

Sentada em rústico banco, à sombra de frondosa árvore, recordou que ali tecera com Armando idílico sonho.

O marido representara o seu encontro com a felicidade. A seu lado vivera quinze anos de ternura, enriquecidos por quatro filhos adoráveis.

No entanto, há dois anos o sonho se convertera em pesadelo. O encontro se transviara em cruel desencontro: Armando se apaixonou por inconsequente jovem, iniciando perturbadora relação extraconjugal.

Após meses de tensão o caso fora descoberto. Os filhos se revoltaram e ele, alegando incapacidade para superar a atração irresistível, decidiu unir-se à sua amada.

Em princípio, Simone ficou indignada. Viveu dias tormentosos. Não fora o conhecimento espírita e o teria odiado com todas as suas forças! Abençoada Doutrina, que a ajudara a compreender que o marido não agira com maldade. Apenas fora fraco, cedendo a impulsos desajustados.

A compreensão lhe preservara a estabilidade emocional e a capacidade de amar. Sim, continuava amando o marido, um afeto diferente, um pouco maternal, de mãe preocupada com o filho rebelde que deixou o lar. E tudo o que fazia era orar, pedindo a Jesus que a amparasse.

Agora ele queria conversar. O fato de ter escolhido o mesmo banco, na velha praça dos encontros primaveris, evidenciava que ele estava cogitando de uma reconciliação. Conhecia-o, entendia-lhe as mínimas iniciativas, com a precisão nascida de longa convivência, com a secreta intuição dos que amam de verdade, acima das humanas imperfeições.

Despertando de suas reminiscências, avistou Armando. O coração a bater acelerado no peito, dizia-lhe que o marido continuava a ser o homem de sua vida.

O tempo não lhe fora generoso. Estava abatido, magro, envelhecido como se houvessem passado dez anos e não apenas dois.

Ele sorriu timidamente:

- Oi, Simone, como está?

- Tudo bem, graças a Deus. E você?

- Não posso dizer o mesmo. Estou mal, mal mesmo! Arrependido até os fios de meus cabelos, afogando-me em remorsos. Será que você me perdoará um dia?

- Você sabe que não sou de guardar rancores. Não se preocupe.

Tomando-lhe as mãos Armando começou a chorar. Em princípio, lágrimas furtivas, depois borbulhantes, como imensa dor represada que explodisse em torrente de mágoas.

- Meu Deus! Que foi que fiz! Destruí nosso lar a troco de uma aventura!

Lutando por conter a própria emoção, Simone lhe acariciou as mãos:

- Calma, Armando. Não se entregue ao desalento. Ninguém é perfeito. Todos somos passíveis de erro...

Procurando imprimir um tom de naturalidade às suas palavras, perguntou-lhe:

- Conte-me. Como vai sua vida ao lado da nova companheira?

- Não há mais nada. Foi um equívoco, um desencontro infeliz... Separamo-nos há uma semana e tudo o que quero é regressar ao nosso lar, ainda que tenha de passar o resto de meus dias pedindo-lhe desculpas. Você me aceitaria de volta?

Simone o fitou enternecida. Não havia nenhuma dúvida quanto a isso. Desde que se despira de ressentimentos, sentia que isso aconteceria mais cedo ou mais tarde, na Terra ou no Além. O amor que os unia era muito forte, capaz de resistir aos vendavais dos enganos humanos.

- Claro, meu querido. É o que mais desejo.

- Há apenas um problema... Não sei como explicar...

- Fale. Tentaremos solucioná-lo... Se tem receio de nossos filhos, fique tranquilo. Eles querem nos ver juntos novamente.

- Sim, o problema envolve filhos... Mais exatamente... um outro filho... Da união infeliz resultou uma criança de dez meses. A mãe não o quer. Ficou comigo. Sei que é pedir demais, mas você me permitiria retomar com ele?

Um raio que caísse nas proximidades não a teria abalado tanto!

Um filho com a outra, sob seus cuidados, no mesmo lar, em contato com seus próprios filhos?!

A proposta soava absurda. Como reter a lembrança perene da defecção do marido? Era pedir demais!...

Imaginou, em turbilhão de ideias, uma forma de contornar o problema. Um orfanato, talvez... Um casal disposto à adoção...

Sabia, entretanto, que uma solução dessa natureza seria desumana, uma flagrante injustiça contra o pequeno inocente.

Era como se o solo se movimentasse debaixo de seus pés, abrindo intransponível abismo entre ela e o marido.

Em prece muda, implorava a inspiração do Céu.

E o Céu veio em seu socorro.

Sem que conseguisse exprimir com exatidão o que estava acontecendo, sentiu imensa compaixão daquele ser que chegava ao Mundo em circunstâncias tão tristes, rejeitado pela mãe, um entrave na vida do pai. Pobre criança!

Então, o instinto materno, a sensibilidade de um coração generoso, a vocação para o Evangelho triunfaram sobre a mulher traída que, tomada por uma onda de ternura, levantou-se, resoluta, arrastando o marido perplexo, ao mesmo tempo em que dizia, eufórica:

- Onde está nosso filho? Vamos buscá-lo imediatamente! Sinto que ele precisa muito de mim!

E partiram os dois, retomando a existência em comum, enriquecida pela presença de mais um filho.

Um reencontro feliz, norteado por generosos benfeitores espirituais que encontraram ressonância em meigo coração de mulher.

* * *

Referindo-se às disciplinas necessárias à atividade religiosa, diz o apóstolo Paulo:

"Seja tudo feito para a edificação."

Semelhante recomendação se aplica a todas as experiências humanas, valorizando nossas iniciativas, mesmo quando estejamos às voltas com defecções e deslizes dos companheiros de jornada.

Um cônjuge de gênio difícil é um eficiente treino para a tolerância...

Um filho rebelde é ótimo teste para a vocação de educar...

Até mesmo o "fruto do pecado", na medida em que sejamos afetados pela ação do pecador, pode converter-se em preciosa oportunidade de construir o Bem, se estivermos atentos aos imperativos da edificação.

BIBLIOGRAFIA DO AUTOR

01 – PARA VIVER A GRANDE MENSAGEM 1969
Crônicas e histórias.
Ênfase para o tema Mediunidade.
Editora: FEB

02 – TEMAS DE HOJE, PROBLEMAS DE SEMPRE 1973
Assuntos de atualidade.
Editora: Correio Fraterno do ABC

03 – A VOZ DO MONTE 1980
Comentários sobre "O Sermão da Montanha".
Editora: FEB

04 – ATRAVESSANDO A RUA 1985
Histórias.
Editora: IDE

05 – EM BUSCA DO HOMEM NOVO 1986
Parceria com Sérgio Lourenço
e Therezinha Oliveira.
Comentários evangélicos e temas de atualidade.
Editora: EME

06 – ENDEREÇO CERTO 1987
Histórias.
Editora: IDE

07 – QUEM TEM MEDO DA MORTE? 1987
Noções sobre a morte e a vida espiritual.
Editora: CEAC

08 – A CONSTITUIÇÃO DIVINA 1988
Comentários em torno de "As Leis Morais",
3ª parte de O Livro dos Espíritos.
Editora: CEAC

09 – UMA RAZÃO PARA VIVER 1989
Iniciação espírita.
Editora: CEAC

10 – UM JEITO DE SER FELIZ 1990
Comentários em torno de
"Esperanças e Consolações",
4ª parte de O Livro dos Espíritos.
Editora: CEAC

11 – ENCONTROS E DESENCONTROS 1991
Histórias.
Editora: CEAC

12 – QUEM TEM MEDO DOS ESPÍRITOS? 1992
Comentários em torno de "Do Mundo Espírita e dos Espíritos", 2ª parte de O Livro dos Espíritos.
Editora: CEAC

13 – A FORÇA DAS IDEIAS 1993
Pinga-fogo literário sobre temas de atualidade.
Editora: O Clarim

14 – QUEM TEM MEDO DA OBSESSÃO? 1993
Estudo sobre influências espirituais.
Editora: CEAC

15 – VIVER EM PLENITUDE 1994
Comentários em torno de "Do Mundo Espírita e dos Espíritos", 2ª parte de O Livro dos Espíritos.
Sequência de Quem Tem Medo dos Espíritos?
Editora: CEAC

16 – VENCENDO A MORTE E A OBSESSÃO 1994
Composto a partir dos textos de Quem Tem Medo da Morte? *e* Quem Tem Medo da Obsessão?
Editora: Pensamento

17 – TEMPO DE DESPERTAR 1995
Dissertações e histórias sobre temas de atualidade.
Editora: FEESP

18 – NÃO PISE NA BOLA 1995
Bate-papo com jovens.
Editora: O Clarim

19 – A PRESENÇA DE DEUS 1995
Comentários em torno de "Das Causas Primárias", 1ª parte de O Livro dos Espíritos.
Editora: CEAC

20 – FUGINDO DA PRISÃO 1996
Roteiro para a liberdade interior.
Editora: CEAC

21 – O VASO DE PORCELANA 1996
Romance sobre problemas existenciais, envolvendo família, namoro, casamento, obsessão, paixões...
Editora: CEAC

22 – O CÉU AO NOSSO ALCANCE 1997
Histórias sobre "O Sermão da Montanha".
Editora: CEAC

23 – PAZ NA TERRA 1997
Vida de Jesus – nascimento ao início do apostolado.
Editora: CEAC

24 – ESPIRITISMO, UMA NOVA ERA 1998
Iniciação Espírita.
Editora: FEB

25 – O DESTINO EM SUAS MÃOS 1998
Histórias e dissertações sobre temas de atualidade.
Editora: CEAC

26 – LEVANTA-TE! 1999
Vida de Jesus – primeiro ano de apostolado.
Editora: CEAC

27 – LUZES NO CAMINHO 1999
Histórias da História, à luz do Espiritismo.
Editora: CEAC

28 – TUA FÉ TE SALVOU! 2000
Vida de Jesus – segundo ano de apostolado.
Editora: CEAC

29 – REENCARNAÇÃO – TUDO O QUE VOCÊ PRECISA SABER 2000
Perguntas e respostas sobre a reencarnação.
Editora: CEAC

30 – NÃO PEQUES MAIS! 2001
Vida de Jesus – terceiro ano de apostolado.
Editora: CEAC

31 – PARA RIR E REFLETIR 2001
Histórias bem-humoradas, analisadas à luz da Doutrina Espírita.
Editora: CEAC

32 – SETENTA VEZES SETE 2002
Vida de Jesus – últimos tempos de apostolado.
Editora: CEAC

33 – MEDIUNIDADE, TUDO O QUE VOCÊ PRECISA SABER 2002
Perguntas e respostas sobre mediunidade.
Editora: CEAC

34 – ANTES QUE O GALO CANTE 2003
Vida de Jesus – o Drama do Calvário.
Editora: CEAC

35 – ABAIXO A DEPRESSÃO! 2003
Profilaxia dos estados depressivos.
Editora: CEAC

36 – HISTÓRIAS QUE TRAZEM FELICIDADE 2004
Parábolas evangélicas, à luz do Espiritismo.
Editora: CEAC

37 – ESPIRITISMO, TUDO O QUE VOCÊ PRECISA SABER 2004
Perguntas e respostas sobre a Doutrina Espírita.
Editora: CEAC

38 – MAIS HISTÓRIAS QUE TRAZEM FELICIDADE 2005
Parábolas evangélicas, à luz do Espiritismo.
Editora: CEAC

39 – RINDO E REFLETINDO COM CHICO XAVIER 2005
Reflexões em torno de frases e episódios bem-humorados do grande médium.
Editora: CEAC

40 – SUICÍDIO, TUDO O QUE VOCÊ PRECISA SABER 2006
Noções da Doutrina Espírita sobre a problemática do suicídio.
Editora: CEAC

41 – RINDO E REFLETINDO COM CHICO XAVIER 2006
Volume II
Reflexões em torno de frases e episódios bem-humorados do grande médium.
Editora: CEAC

42 – TRINTA SEGUNDOS 2007
Temas de atualidade em breves diálogos.
Editora: CEAC

43 – RINDO E REFLETINDO COM A HISTÓRIA 2007
Reflexões em torno da personalidade de figuras ilustres e acontecimentos importantes da História.
Editora: CEAC

44 – O CLAMOR DAS ALMAS 2007
Histórias e dissertações doutrinárias.
Editora: CEAC

45 – MUDANÇA DE RUMO 2008
Romance.
Editora: CEAC

46 – DÚVIDAS E IMPERTINÊNCIAS 2009
Perguntas e respostas.
Editora: CEAC

47 – BEM-AVENTURADOS OS AFLITOS 2009
Comentários sobre o capítulo V de O Evangelho segundo o Espiritismo.
Editora: CEAC

48 – POR UMA VIDA MELHOR 2010
Regras de bem viver e orientação aos Centros Espíritas
Editora: CEAC